体の中からきれいになる
ミクニごはん

三國清三
Mikuni Kiyomi

朝日出版社

食べることの大切さ。
きれいに歳を重ねるために。

おいしいものを作ること。これは料理人にとってはあたり前のことです。
どうやったらお客さまに喜んでいただけるか。
毎日考えるのはそのことばかり。時を経て、歳も重ねて。
体にいいものを作ることが、日々の仕事の中で自然に身についていきました。
そして出会ったのが、アンチエイジングという考え方。
「これを食べれば、これをすればアンチエイジングになる」
歳をとらないような、とても魅惑的な言葉に聞こえますが、
わたしたちは毎日毎日、一刻一刻歳を重ねていくというのは、
どうしても避けられないことなのです。
「きれいに歳を重ねていく」
この言葉に置き換えて考えてみてはどうでしょう。
表面だけきれいにとりつくろっていても、どこか違和感があるものです。
内面からきれいにしていく。結果的には
これこそがきれいに歳を重ねていくということなのです。

自分のペースでいい。
長く続けることが大切だから。

まずは毎日の食事から。体の細胞はたんぱく質でできています。
ビタミンやミネラルは、体が元気でいるためにいろいろな機能の調子をととのえてくれます。
ならば、なるべく体にいいものをとり入れたいですね。
ポイントはたくさんの種類の食材を食べること。
肉や魚、野菜。それぞれにさまざまな栄養素が含まれています。
体の素になるもの、生きる活力になるもの、疲れをとってくれるもの。
それらは単独で活躍するものもありますが、
他の栄養素と組んで体の役に立ってくれる場合も多いのです。

そんな理由から、この本ではなるべくいろんな食材を使ったレシピ、
そして野菜をおいしく食べられるレシピを選びました。
テーマごとにお料理を紹介していますが、
一つの料理が一つの目的だけに効果があるということではありません。
まんべんなく栄養素をとり入れることが、健康的な食生活の基本。
それこそがアンチエイジングの考え方なのです。

例えば一日一回だけでもしっかり食べる、平日は忙しいけれど
週末にはちょっと頑張ってみる、毎日のことだから、
長続きさせることが大切だから一週間のなかで帳尻を合わせればいいのです。
昨日はお肉だったから今日はお魚にしよう、
今週は野菜が不足しているから、具だくさんの野菜スープを作ろう。
そんなちょっとした心がけでいいのです。

野菜の「7色」は、
アンチエイジングの強い味方。

見ているだけで元気になりそうな、色とりどりの野菜。
レストランでもとてもたくさんの野菜を使います。
肉や魚の料理にも、野菜を工夫して盛り合わせます。

自然の色はとてもきれいで、
どんな組み合わせをしても「美」を
乱すことはありません。
「なんてきれいなことでしょう」
お皿をテーブルにお持ちしたときに、
そんな声が聞こえてきます。

さて、野菜の色というと赤や黄色、
緑のイメージが強いことと思いますが、
実は白もとても大切な色素なのです。
緑黄色野菜に加えて
淡色の野菜もとり入れていくと、
彩りの幅が出るだけでなく、
栄養素の点でもグレードアップします。
そう、野菜の持つ色は私たちの体に入って、
抗酸化色素として、アンチエイジングの強い味方になってくれているのです。
家庭では7色すべての色をテーブルに並べることは難しいでしょうが、
気にかけていれば、いくつかは料理に組み込むことはできるでしょう。
この機会に、7つの色の特徴をご紹介しましょう。

野菜の色	含まれている栄養素	主な野菜	効果
● 赤	リコピン	トマト、赤ピーマン、すいかなど	自然の中で最強の抗酸化パワーを持つ。心臓、肺などの病気も防ぎます。
● 赤・紫	アントシアニン	ぶどう、ブルーベリー、プルーン、なすなど	強力な酸化防止剤。皮ふを強くし、また老化による精神機能の衰えも防いでくれます。
● オレンジ	α-カロテン、β-カロテン	にんじん、かぼちゃ、さつまいも、マンゴーなど	強い抗酸化力を持っています。酸化による体のダメージから身を守り、がん予防としても注目。
● オレンジ・黄	β-クリプトキサンチン	オレンジ、みかん、グレープフルーツ、パイナップル、ももなど	柑橘類の皮には抗がん剤の働きをするリモネンをはじめとする物質が含まれています。
● 黄・緑	ルテイン、ゼアキサンチン	ほうれん草、さやいんげん、ズッキーニ、アボカドなど	目の網膜に多い色素で白内障などの予防に有効とされています。
● 緑	スルファラファン、イソチオシアネート、インドール	ブロッコリー、キャベツ、青梗菜、グリーンアスパラガス、白菜など	発がん性物質や中毒性の薬を体内から除去する酵素の生成を促すことができ、いろいろな病気と闘ってくれます。
○ 白・淡緑	アリシン、ケルセチン、フェロール、フラボノイド	にんにく、玉ねぎ、セロリ、にら、マッシュルームなど	アリシンは血管をきれいにして、血液をサラサラにしてくれる効力を持っています。ケルセチンは抗がん作用を持つと言われています。

デビッド・ヒーバー博士「7色の理論」より

体の中からきれいになる
ミクニごはん
目次

おいしく アンチエイジング入門

豚肩ロース根菜煮込み ─── 10
鮭のキャベツ包み焼き
しょうゆとはちみつ風味 ─── 12
ごぼうのスープ
カプチーノ仕立て ─── 13
ビーフカレー ヨーグルト味 ─── 14
たらのうまみ中華風 ─── 16
冷製夏野菜のラタトゥイユ風 ─── 17
炒り鶏のバルサミコ味 ─── 18
いろいろきのこのスープ ─── 20
真鯛のシャキシャキごま丼 ─── 21
鶏もも肉の小悪魔風 ─── 22
わかさぎの抹茶フリット
グリーンマヨネーズ添え ─── 24
帆立ていろいろ野菜の
ア・ラ・シノワーズ ─── 25

春のおかず

［骨を丈夫にする］

鯛のソテー ア・ラ・クリーム ─── 28
たらとズッキーニのプロヴァンス風 ─── 30
いさきの西京焼き
粒マスタード風味 ─── 31
スパニッシュ風とろとろオムレツ ─── 32
ビシソワーズ メレンゲのせ ─── 33

［体脂肪を減らす］

ブイヤベース ─── 34
甘鯛のかぶら白ワイン蒸し ─── 36
しいたけ、こんにゃく
ピリ辛の洋風うま煮 ─── 37
ミクニトムヤムクン ─── 38
アスパラと海藻のサラダ
温かいマヨネーズあえ ─── 39

夏のおかず

[疲れを解消！]
豚ヒレ肉のベニエ 青じその香り ——— 42
バーニャカウダ ア・ラ・メゾン ——— 44
豚しゃぶのピンクサラダ ——— 46
かつおのたたき
海水ジュレ寄せ ——— 47

[美肌をつくる]
鶏もも肉のハーブ焼き ——— 48
うなぎのポワレ 赤ワインソース ——— 50
なすのチーズ焼き ——— 51

[細胞を元気に]
えびと帆立てのレッドカレー ——— 52
舌びらめのムニエル
かぼちゃソース ——— 54
3色ピーマンのうまみマリネ ——— 55

秋のおかず

[生活習慣病を予防]
鮭のポッシェ いくらとレモン味 ——— 58
さばのおろし煮
セロリ葉のブーケ添え ——— 60
クレソンと海藻のサラダ
寒天ドレッシング ——— 61
いわし大根 ——— 62

[血液を元気に]
ポトフ ア・ラ・ミクニ ——— 64
鶏肉とレバー ア・ラ・ジャポネーズ ——— 66
牛肉の和風
シャリアピンステーキ ——— 68
雑穀米のサラダ ——— 69

[からだの中をきれいにする]
豚となすと豆の煮込み ——— 70
いろいろきのこのマリネ ——— 72
豚ときのこの健康どんぶり ——— 73

冬のおかず

[免疫力をつける]
黒酢豚 3色ピーマンあえ ——— 76
にんじんとかぼちゃの
ポタージュ ——— 78
オリジナル ビーフストロガノフ ——— 79

[おなかを健康に]
野菜たっぷり牛肉の赤ワイン煮 ——— 80
揚げ豆腐 ——— 82
オクラと山いものネバネバサラダ ——— 83

[ホルモンのバランスを整える]
さばとアンチョビの
フルーツトマトソース ——— 84
ほうれん草目玉焼きのせ
しょうゆバター味 ——— 86
豆腐とずわいがにの中華煮込み ——— 87
豆腐ロワイヤル ——— 88

5つのスープ ——— 90
MIKUNI流「食べて元気になる」は
病院内でも活躍しています。——— 92
主な材料、目的で探すINDEX ——— 94

コラム["きれい"を食べる]
ワイン ——— 9
ハーブ ——— 27
スパイス ——— 40
魚介 ——— 57
ビネガー ——— 75
オイル ——— 89

●レシピで使用しているスープ類の作り方は、
　p.90～91を参照してください。
●本書で使用している計量カップは200ml、
　計量スプーンは大さじ15ml、小さじ5mlです（1ml＝1cc）。
●塩は天然塩を使っています。
●バターは食塩不使用のものを使っています。
　食塩使用のバターを使うときは、塩を加減してください。
●オーブンの温度、加熱時間は機種によって異なりますので、
　加減して加熱してください。
●フライパンはフッ素樹脂加工のものを使用しています。

おいしく
アンチエイジング
入門

Beauté et Anti-âge

「アンチエイジング」という言葉、
最近頻繁に耳にするようになりましたね。
アンチエイジング＝若返ることと
思っている人もいるかもしれませんが、
アメリカで生まれた
この言葉の本当の意味は、
いくつになっても健康に年齢を重ねるということ。
ここでご紹介するのは、
食べることで
アンチエイジングできるメニューです。
毎日の食事、体を作る
素になる食べものですから、
できれば体にいいものを、
そして体を元気にしてくれるものを
選びたいですね。
神経質になりすぎるのは、逆にストレスに
なってしまいますから、
おいしく楽しく食べられるような
メニューを選びました。

["きれい"を食べる①] ## ワイン

　楽しく食べる、リラックスして味わう。食事のときの気持ちは実はとても大切なことなのです。おいしい、と感じることも大切。同じものを食べても栄養となって体に吸収される量が違うということは、研究の結果でも明らかになっているのです。
　そんな食事を演出してくれるのがワイン。日本酒と同じ食中酒なので、食べながら飲み、飲みながら食べるという楽しみを提供してくれます。フランスではワインを飲むということは毎日の習慣ですが、日本でもワインが日常のものになってきました。ワインは華やいだ気持ちにさせてくれます。ワインは食欲をわかせてくれます。ワインは体を温めてくれます。ということは消化の手助けもしてくれるのです。しかも抗酸化作用のあるポリフェノールも含まれていて、アンチエイジングの助けをしてくれます。このポリフェノールは熱にも強いので、煮込み料理に使っても効力を失いません。

からだを老化から守る

活性酸素という言葉は聞いたことがあるでしょう。簡単にいうと体内に取り込まれた酸素が変化したもので、老化を促進する物質と考えられています。
日常生活において、紫外線を浴びたり、風邪をひいたり、呼吸をしているだけでも体内で生成されます。
でも、そんなできてしまった活性酸素を消去する方法があります。
それは、抗酸化力を持つ食材を日々の食事からとることです。

豚肩ロース根菜煮込み
Ragoût de porc au poivre rose

お肉と野菜のうまみがたっぷり。
じっくりと煮込んでいただきます。
305kcal

[材料(2人分)]
豚肩ロース(塊)…………160g
豚肉の下味用
　┌ 天然塩…………ひとつまみ
　└ こしょう…………少々
白ワイン…………1カップ
チキンスープ(市販品でも可)、水
　…………各4カップ
香味野菜(全て乱切り)
　┌ 玉ねぎ…………1個
　│ セロリ…………1本
　└ にんにく…………½かけ
ローリエ…………1枚
白粒こしょう…………10粒
じゃがいも…………1個
にんじん…………½本
セロリ(乱切り)…………1本
さやいんげん…………8本
水溶きコーンスターチ※…………適宜
ハーブサラダ
　┌ セロリの葉、パセリのみじん切り、青じその葉のせん切り、イタリアンパセリ、ローズマリーの粗みじん切りなど
　│ …………各少々
　│ アボカドオイル…………小さじ1
　└ しょうゆ…………小さじ½
あればピンクペッパー…………少々
※コーンスターチを倍量の水で溶かしたもの。片栗粉で代用しても。

[作り方]
①豚肉はたこ糸で縛って形をととのえ、塩、こしょうで下味をつける。
②鍋に豚肉、白ワイン、チキンスープ、水、香味野菜、ローリエ、白粒こしょうを入れて火にかけ、アクを取りながら肉が柔らかくなるまで2～3時間煮込む。
③出来上がり1時間30分前にじゃがいもとにんじんを加え、出来上がり30分前にセロリを加えて煮込む。塩、こしょうで味をととのえる。
④さやいんげんは両端を落とし、塩ゆでする。ボウルにハーブを合わせてアボカドオイルとしょうゆであえる。
⑤豚肉と野菜を取り出して切り分け、さやいんげんとともに器に盛る。煮汁に水溶きコーンスターチを加え弱火にかけてとろみをつけ、器に注いでハーブサラダをあしらい、ピンクペッパーを散らす。

mikuni's memo
豚肉の抗酸化パワー

抗酸化酵素の合成には、マンガン、鉄、亜鉛、セレンといったミネラルが必要ですが、豚肉にはこれらがすべて含まれています。つまり、豚肉もアンチエイジング食材ということ。また、アボカドオイルはコレステロールがゼロなので、生活習慣病が気になる人におすすめです。

鮭のキャベツ包み焼き
しょうゆとはちみつ風味
Saumon en croûte de chou

ゆでたキャベツの甘さに
はちみつとバルサミコ酢の
風味が絶妙です。
297kcal

鮭のピンクは何の色？

鮭のピンク色のアスタキサンチンは、最近注目されている栄養素の一つで強力な抗酸化作用や疲労回復作用があります。鮭以外にはえび、いくら、かになどに多く含まれています。

[材料（2人分）]
生鮭の切り身………2切れ（約160g）
キャベツの葉…………大2枚
玉ねぎ…………1/8個
ブロッコリー…………1/6株
ソース
　みりん、しょうゆ…………各大さじ2
　はちみつ、バルサミコ酢
　　…………各大さじ1
　カレーパウダー…………少々
　バター…………小さじ2
カレーパウダー…………適宜
クミンパウダー…………少々
オリーブ油…………少々

[作り方]
①ソースを作る。鍋にみりんを入れて煮きり、しょうゆ、はちみつ、バルサミコ酢、カレーパウダーを加えて煮詰める。バターを仕上げに加える。
②キャベツは塩ゆでし、芯を取り除く。玉ねぎは幅2cmに切り、ブロッコリーは2cm程度の小房に分け、それぞれ塩ゆでする。
③フライパンにオリーブ油を熱して鮭を皮目から入れ、こんがりと焼けたら裏に返し、同様に焼いて取り出す。
④同じフライパンで玉ねぎ、ブロッコリーを炒め、仕上げにカレーパウダーとクミンパウダー各少々を加えてさっと炒める。
⑤キャベツの葉を広げ、④の半量を散らし、鮭を重ねてのせる。残りの④を散らし、キャベツでぴっちりと包む。
⑥蒸気の上がった蒸し器で中火で5分ほど蒸し、取り出して縦半分に切る。切り口を上にして器に盛り、ソースをあしらってカレーパウダー少々を散らす。

フッ素樹脂加工のフライパンのヘリの曲線を利用して、鮭の皮目を焼きつけます。皮と身の間の旨みを引き出して、その旨みを料理全体にいかします。

[材料（2人分）]
ごぼう…………1本
じゃがいも…………½個
玉ねぎ…………¼個
野菜スープ（市販品でも可）
…………400ml
白ワインビネガー…………15ml
天然塩、こしょう…………各少々
牛乳…………500ml
セルフィーユ（飾り用）…………少々

[作り方]
①ごぼうはたわしで泥を洗い落とし、小口切りにする。じゃがいもは皮をむき、薄く切る。玉ねぎも同様に切る。
②鍋に①、野菜スープ、白ワインビネガーを入れて火にかけ、野菜が柔らかくなるまで煮る。
③粗熱をとってミキサーでなめらかになるまで撹拌し、鍋に戻して温め、塩、こしょうで味をととのえる。
④別の鍋に牛乳、100mlのごぼうスープを合わせ、温めながら泡立て器でカプチーノ状に泡立てる。
⑤器にごぼうスープを100mlほど注ぎ、④をのせてセルフィーユをあしらう。

mikuni's memo

ごぼうで腸のアンチエイジング

腸は血管と同じように、老化による影響を大きく受けるところです。腸の老化防止のためには、食物繊維や乳酸菌をたくさんとって、腸内細菌のバランスをととのえたいもの。ごぼうには食物繊維がたっぷり含まれていて、便秘や肥満も予防してくれます。カロリーが気になる人は、牛乳を低脂肪乳にして。

ごぼうのスープ カプチーノ仕立て

Cappuccino au salsifis

白い泡がお口でとけて
野菜をじっくり味わえるスープです。
228kcal

たくさんの種類を食べる

アンチエイジングに役立つ栄養素として知られているのは、
ビタミンACE（エース）とよばれる、ビタミンA、C、E。
これらは抗酸化ビタミンともいわれ、活性酸素によって傷ついた細胞の回復を助けてくれます。
そして何よりも簡単にできて有効なのは「たくさんの種類を食べること」。
緑黄色野菜をはじめとする抗酸化作用のある食材は、ある特定のものだけをたくさん食べるより、
多くの種類のものを組み合わせてとったほうが効果的だといわれています。

ビーフカレー ヨーグルト味
Curry de bœuf au yaourt

カレーのときの
ご飯はターメリックライスに。
見た目もぐんと
華やかになります。
702kcal

[材料（2人分）]
牛肉（塊）…………200g
天然塩、黒こしょう…………各少々
にんじん…………1/2本
玉ねぎ…………1/4個
じゃがいも…………1/2個
ブロッコリー…………1/6株
カリフラワー…………1/8株
バター…………30g
小麦粉…………40g
A［カレーパウダー、ういきょうパウダー、シナモンパウダー、コリアンダーパウダー、チリパウダー…………各大さじ1
白いりごま…………大さじ1
玉ねぎのみじん切り…………大さじ2
しょうがのみじん切り…………大さじ1
にんにくのみじん切り…………小さじ1］
はちみつ…………大さじ2
バルサミコ酢…………大さじ1
ビーフスープ（市販品でも可）…………1カップ
プレーンヨーグルト…………大さじ2
カレー風味ご飯
［米…………1合
カレーパウダー…………大さじ1/2
パセリのみじん切り…………少々］

レモングラス(飾り用)…………2本
パセリ(飾り用)…………少々

[作り方]
①米はといで普通に水加減し、カレーパウダーを混ぜて炊く。
②にんじんは皮をむいて厚さ1cmの輪切りにする。玉ねぎはくし形に切る。じゃがいもは皮をむき、厚さ1cmに切る。ブロッコリーとカリフラワーは小房に分ける。野菜をそれぞれ塩ゆでする。
③牛肉は1.5cm角に切り、塩、こしょうで下味をつける。フライパンにバター少々(分量外)を溶かし、牛肉を入れて全体を焼きつけて取り出す。
④続いて②の野菜を入れ、表面に焼き色をつけて取り出す。
⑤続いてバター、小麦粉を入れ、木べらでかき混ぜながら炒める。
⑥Aを加え、焦がさないようによく炒める。
⑦はちみつ、バルサミコ酢、ビーフスープを加え、よくかき混ぜながら10分ほど煮込み、塩、こしょうで味をととのえる。
⑧器にご飯を盛ってパセリを散らし、牛肉と野菜を盛る。カレーをかけてヨーグルトをあしらい、パセリを刺したレモングラスを飾る。

mikuni's memo

カレーで老化を防止!

カレー粉の黄色の香辛料は、抗酸化作用が強いスパイス。クルクミンとよばれるウコンの主成分です。だからカレーのときのご飯は積極的にターメリックライスにしたいですね。カレーのようなご飯とおかずを一緒に食べるお料理は、ついつい早く食べがちになりますが、ゆっくりかむことで食べ過ぎ防止になります。

[材料(2人分)]
生たら……… 160g
昆布(たらののる大きさのもの)
……… 1枚
白ワイン……… 少々
にんじん……… 1/5本
ねぎ……… 1/5本
青じその葉……… 2枚
スープ
- みりん、酒……… 各大さじ2
- しょうゆ、ごま油……… 各大さじ1
- はちみつ、バルサミコ酢
  ……… 各小さじ1
いりごま(白、黒)……… 各少々

[作り方]
① たらは皮つきのまま3cm角に切る。耐熱性の器に昆布を敷き、たらをのせて白ワインをふり、蒸気の立った蒸し器で5〜6分蒸す。昆布は取り出して一部をせん切りにし、蒸し汁は取っておく。
② にんじんは皮をむき、長さ5cmのせん切りにする。ねぎは長さ5cmの白髪ねぎにする。青じそもせん切りにする。すべて氷水にさらしてシャキッとさせ、水けをよくきる。
③ スープを作る。鍋にみりんと酒を入れて煮きり、残りの材料を加えて味をととのえる。さらにたらの蒸し汁を加えてひと煮立ちさせる。
④ 器にたらを盛って②を天盛りし、昆布のせん切りをのせてごまをあしらう。スープをたっぷりとかける。

mikuni's memo

たらは超ヘルシー食材

たらは魚の中でも高たんぱく、低カロリーの筆頭に挙げられます。100gで77kcal程度と、とても嬉しい食材です。たらに豊富に含まれるビタミンAは、活性酸素から体を守る抗酸化作用が強く、心臓病や脳卒中、がんなどを抑える効果があると言われています。

たらのうまみ中華風
"Tara" vapeur

たらの美味しさを余すところなく。
白と黒のごまをふって
香りをプラスしました。
223kcal

冷製夏野菜の
ラタトゥイユ風
Ratatouille froide

トマトの赤がとてもきれいな一皿。
夏野菜がたくさん食べられます。
128kcal

[材料（2人分）]
ジャンボピーマン（赤、黄、緑）
　………各¼個
玉ねぎ…………⅙個
ズッキーニ…………⅙本
トマトジュース（有塩）…………1カップ
粉寒天…………1.5g
アボカドオイル…………少々
バジルの葉…………2枚

[作り方]
①ピーマンは包丁で皮をむき、玉ねぎ、ズッキーニとともに一口大に切って塩ゆでする。
②直径8cm高さ3cmのセルクル（2個）の底にアルミ箔をかぶせ、①の野菜を彩りよく詰める。セルクルのかわりにペットボトルの容器を切って使ってもよい。
③鍋にトマトジュースを沸かし、粉寒天を入れ、泡立て器でかき混ぜながら粉寒天を完全に溶かす。
④ボウルに移し、底を氷水に当てて粗熱をとる。
⑤④をセルクルに分け入れ、冷蔵庫で冷やし固める。
⑥皿にのせてセルクルをはずし、バジルを飾ってアボカドオイルをあしらう。

寒天を溶かしたら、氷水にボウルの底をつけて冷やし、粗熱をとっておくと、短時間で固まります。

mikuni's memo

野菜を食べてきれいに

強力な抗酸化作用のあるとされるリコピンを豊富に含むトマトに、玉ねぎやズッキーニなどの野菜が加わり、とてもヘルシー。野菜はビタミンC、カリウム、食物繊維が豊富で、アンチエイジングのほか肌荒れ、夏ばて防止や便秘にも効果があります。寒天は水溶性の食物繊維がたっぷり。寒天寄せにすることでデトックス効果も期待できます。

野菜をたくさん食べる

活性酸素に有効なさまざまなビタミンやミネラル。
それを体にとり入れるためには、とにかく野菜をとること。
ビタミンCを含むジャンボピーマン、ビタミンEを含むかぼちゃ、ほうれん草など。
また、フィトケミカルとよばれる植物中のポリフェノール類や
カロテンなどの色素にも、強い抗酸化力があることが分かっています。
野菜は体の元気をつくってくれる、私たちの強い味方なのです。

炒り鶏のバルサミコ味
Poulet au balsamique

アボカドを入れることでボリューム感が出て、
まろやかでやさしい味になります。
152kcal

[材料(2人分)]
鶏胸肉(皮なし)……1枚(120g)
にんじん……½本
れんこん……¼本(50g)
たけのこの水煮……¼個
こんにゃく……½枚
生しいたけ……2個
絹さや……6枚
青じその葉……6枚
アボカド……¼個
アボカドオイル……大さじ1
塩、こしょう、白ワインビネガー
……各適宜
調味料(混ぜ合わせる)
　みりん、しょうゆ、バルサミコ酢、酒
　……各大さじ2
　チキンスープ(市販品でも可)
　……1カップ
白いりごま、あればピンクペッパー
……各少々

[作り方]
①鶏肉は2cm角に切り、塩、こしょうする。
②にんじんは皮をむいて1.5cm角に切り、塩ゆでする。れんこんは皮をむいて1.5cm角に切り、白ワインビネガー、塩各少々を加えた湯でゆでる。たけのこも1.5cm角に切る。こんにゃくは1.5cm角に切って湯引きする。生しいたけは石づきを切って縦半分に切る。
③絹さやはへたと筋を取って塩ゆでする。青じそは3枚をせん切りにする。アボカドは皮をむき、1.5cm角に切る。
④フライパンにアボカドオイルを熱し、鶏肉を表面だけさっと炒めて取り出す。
⑤続いて②を加えて炒め、調味料を加え、水分がとぶように煮汁をからめながら炒める。
⑥途中で鶏肉を加えて炒め合わせ、味がなじんだらアボカドと絹さやを加えて火を止める。
⑦器に彩りよく盛り、ごま、あればピンクペッパー、青じそのせん切りをあしらい、切っていない青じそを飾る。

mikuni's memo

肉+野菜で抗酸化力アップ!
たんぱく質、ビタミン、ミネラル、食物繊維などがとてもバランスよくとれるおかずです。抗酸化物質はお互いに協力しながら働くので、お肉を食べるときには野菜も一緒にとるなど、色々な抗酸化効果のある食材を組み合わせてとることがポイントになってきます。

いろいろきのこのスープ
Velouté de champignon

きのこをたっぷり使って
あっさりしたスープに仕上げました。
147kcal

[材料（2人分）]
マッシュルーム…………6個
エリンギ…………大1本
まいたけ…………½パック
生しいたけ…………3個
玉ねぎ…………⅙個
オリーブ油…………大さじ2
和風だし（市販品でも可）
…………300ml
天然塩、こしょう…………各適宜
イタリアンパセリの葉（飾り用）
…………1枝分

[作り方]
①マッシュルームは石づきを切って縦4等分に切る。エリンギ、まいたけ、生しいたけは小さめのざく切りにする。玉ねぎは薄切りにする。
②フライパンにオリーブ油を熱し、玉ねぎをしんなりするまで炒める。
③きのこを加えてよく炒め、和風だしを注いで沸騰させ、アクをとる。
④天然塩、こしょうで味をつけ、粗熱をとってミキサーで滑らかに撹拌する。
⑤フライパンに戻して温め、味をととのえて器に注ぎ、イタリアンパセリを飾る。

mikuni's memo

きのこのβグルカン

エリンギ、しいたけ、しめじなどほとんどのきのこ類には、βグルカンと呼ばれる食物繊維が豊富に含まれており、体内に入った微生物や異物、不要物質などを排除し、免疫力をアップしてくれます。きのこはビタミンやミネラルも豊富なので、ダイエットにもおすすめです。

[材料（2人分）]
真鯛の切り身
　…………1切れ（80〜100g）
にんじん、れんこん…………各20g
ごぼう…………1/6本（30g）
絹さや…………6枚
ジャンボピーマン（赤）…………1/10個
あさつき（または万能ねぎ）…………2本
貝割れ大根…………少々
塩、白ワインビネガー…………各適宜
ごま油…………大さじ1
いりごま（白、黒）…………各少々
調味料（混ぜ合わせる）
　┌ 魚のスープ（市販品、水でも可）
　│　…………80ml
　│ 酒、しょうゆ、バルサミコ酢
　│　…………各大さじ2
　└ みりん…………大さじ1
雑穀ご飯
　…………どんぶり2杯分（320g）

[作り方]
①にんじんは皮をむき、1cm角に切って塩ゆでする。れんこんは皮をむき、白ワインビネガー、塩各少々を入れた湯でさっとゆで、長さ3cmのせん切りにする。ごぼうは半分は長さ3cmのせん切りにし、半分は幅1cmの小口切りにし、白ワインビネガー、塩各少々を入れた湯でゆでる。
②絹さやはへたと筋を取り、塩ゆでして細長くせん切りにする。ジャンボピーマンは皮をむいて長さ3cmのせん切りにする。
③あさつき（または万能ねぎ）は長さ3cmに切る。貝割れ大根は長さ3cmに切り、葉先は分けておく。
④鯛は皮つきのまま、幅1cm、長さ3cmの棒状に切る。
⑤フライパンにごま油を熱して鯛を炒め、にんじん、れんこん、ごぼうを加えてさらに炒める。
⑥調味料を加えて水けをとばしながら炒め、絹さやとピーマンを加えて仕上げる。
⑦どんぶりに雑穀ご飯を盛り、⑥を盛りつける。あさつきと貝割れ大根をのせ、貝割れ大根の葉先を飾ってごまをあしらう。

mikuni's memo

野菜の色でアンチエイジング

にんじんの赤、れんこんの白、絹さややあさつきの緑。野菜の持つ色は抗酸化に一役買うと言われています。雑穀ご飯はビタミン、ミネラル、食物繊維、そしてポリフェノール類が豊富なので、日々の食事にとり入れることをおすすめします。どんぶりを小ぶりにしてご飯の量を少なめにすればカロリーダウンに。

真鯛のシャキシャキごま丼
"Domburi" à la dorade

にんじんの赤、
れんこんの白、絹さやの緑。
色とりどりの野菜から
元気をもらって。
433kcal

腸をきれいに

体に入った毒素は便、尿、汗などから排出されます。
爪や髪の毛からも。ただ、そのほとんどは便から排出すると
言われています。
さて、腸内の環境をよくしてくれる栄養素といえば食物繊維。
毒素をくっつけて体外に出してくれているのです。
食物繊維が多く含まれている食材としては、ごぼうやこんにゃく、長いも、
里いも、大根、海藻などなど。腸の中をきれいにしておくことは、
アンチエイジングにも大いに役立ちます。

鶏もも肉の小悪魔風
Poulet à la diable

野菜のまろやかなソースに
マスタードの酸味をぴりっときかせて。
306kcal

[材料(2人分)]
鶏もも肉(皮なし)………2枚(140g)
鶏肉の下味用
　　天然塩、こしょう………各少々
ハーブパン粉
┌ パン粉…………大さじ2
└ パセリ、ローズマリー………各少々
粒マスタード…………大さじ1
ごぼう…………1/3本
にんじん…………1/2本
しめじ…………1/2パック
ソース
┌ ごぼう、にんじん、しめじ
│　…………各20g
│　玉ねぎ…………1/5個
│　チキンスープ(市販品でも可)
└　…………150ml
オリーブ油…………少々
白ワインビネガー…………少々

[作り方]
①ごぼうはたわしで泥を洗い落とし、長さ4cmの細い棒状に切る。にんじんは皮をむき、同様に切る。しめじは1本ずつに分ける。
②ソースを作る。鍋にチキンスープ、ごぼう、にんじん、しめじ各20gと玉ねぎを入れ、野菜が柔らかくなるまで煮る。粗熱をとってミキサーで滑らかに撹拌し、鍋に戻して温め、塩、こしょうで味をととのえる。
③ハーブパン粉を作る。パン粉はテフロン加工のフライパンに入れ、中火弱できつね色になるまでゆっくりと炒る。パセリ、ローズマリーは粗みじん切りにし、半量をパン粉とあわせる。
④鶏肉に塩、こしょうで下味をつける。
⑤残りのごぼう、にんじん、しめじを白ワインビネガーと塩少々を加えた湯でゆで、水けをきる。
⑥フライパンにオリーブ油を熱し、鶏肉を中火でじっくりと両面焼いて取り出す。
⑦同じフライパンで⑤を炒め、塩、こしょうで味をととのえ、残りのパセリ、ローズマリーを加える。
⑧鶏肉の片面に粒マスタードを塗り、③のハーブパン粉をのせる。
⑨皿に⑦の野菜を彩りよく敷いて鶏肉をのせ、ソースをあしらう。

パン粉は中火でじっくりから焼きにします。色がつき始めたら火からはずして余熱を利用して。ノンオイルだからカロリーが控えられます。

mikuni's memo
鶏肉の抗酸化パワー
鶏肉はビタミンB群や亜鉛、セレンなどの抗酸化作用のあるビタミンやミネラルを豊富に含んでいます。また、にんじん、トマト、ほうれん草などに多く含まれているβ-カロテンにも、強力な抗酸化作用があります。

[材料（2人分）]
わかさぎ…………6尾
牛乳…………適宜
キャベツの葉…………2枚
紫キャベツの葉…………2枚
抹茶衣
- 卵…………2個
- 小麦粉…………100g
- サラダ油…………大さじ1
- 水…………100ml
- 塩、こしょう…………各少々
- 抹茶パウダー…………大さじ2

揚げ油…………適宜
抹茶マヨネーズ（混ぜ合わせる）
- マヨネーズ（低脂肪タイプ）
  …………大さじ4
- 抹茶パウダー…………大さじ½

レモンのくし切り…………2切れ

[作り方]
①わかさぎは牛乳に30分ほど漬けて生臭みを抜く。
②キャベツはせん切りにし、冷水にはなしてシャキッとさせ、水けをよくきる。
③抹茶衣を作る。卵は卵黄と卵白に分け、卵白以外の材料を混ぜ合わせる。卵白を八分立てくらいに泡立てて加え、さっくりと混ぜる。
④わかさぎに抹茶衣をつけ、160℃の揚げ油でカリッと揚げ、油をきる。
⑤器にキャベツを盛ってわかさぎをのせ、マヨネーズ（分量外）をあしらった抹茶マヨネーズとレモンを添える。

わかさぎの抹茶フリット グリーンマヨネーズ添え

"Wakasagi" frits au thé vert

新鮮な油でさくっと揚げるのがコツです。
衣に青のりやごまを使っても。
300kcal

mikuni's memo

魚介類に多いセレン

わかさぎにはセレンが豊富に含まれています。セレンは抗酸化作用があるとして、近年注目されているミネラルです。えび、いか、かつお、いわしなど魚介類に多く含まれ、牛肉などにも豊富です。一方、抹茶に含まれているタンニンも、抗酸化の役目を果たしてくれます。

帆立てといろいろ野菜の
ア・ラ・シノワーズ

Saint-Jacques et légumes à la chinoise

帆立ての上品な風味で
野菜をたっぷり、
おいしく食べられます。
214kcal

[材料（2人分）]
- 帆立て貝柱…………4個
- エリンギ…………小1本
- 玉ねぎ…………1/10個
- にんじん…………1/5本
- さやいんげん…………6本
- 青梗菜…………1株
- きくらげ（乾燥）…………10g
- ごま油…………適宜
- ソース
  - 和風だし（市販品でも可）
    …………360ml
  - シェリー酒…………小さじ1
  - 水溶きコーンスターチ※………適宜
- あさつき（飾り用）…………6本
- 天然塩…………適宜

※コーンスターチを倍量の水で溶かしたもの。片栗粉で代用しても。

[作り方]
①エリンギは縦に厚さ3mmに切る。玉ねぎはくし切りにして1枚ずつはがし、塩ゆでする。にんじんは皮をむき、ピーラーなどで幅1cm長さ12cmの帯状に切って塩ゆでする。さやいんげんは端を落とし、塩ゆでする。青梗菜は1枚ずつはがし、塩ゆでして葉先を結んで結び目を作る。きくらげは水でもどして一口大に切る。

②ソースを作る。鍋に和風だしを沸かし、水溶きコーンスターチを加え、とろみをつける。シェリー酒で香りづけする。

③帆立ては厚みを3枚に切り分ける。

④フライパンにごま油大さじ1を熱し、帆立てをさっと焼く。

⑤①を加えて炒め合わせる。

⑥②を温めて⑤を加えて混ぜ合わせ、器に盛る。ごま油少々をたらし、天然塩をふってあさつきを飾る。

mikuni's memo

油で吸収力アップ

にんじん、さやいんげんなどの緑黄色野菜に含まれる抗酸化作用のあるβ-カロテン、ビタミンEなどは、油と一緒にとると吸収がよくなります。ただし、ごま油に含まれるリノール酸をとり過ぎると善玉コレステロールを減らしてしまうので、注意しましょう。

春のおかず
Recettes de printemps

緑が芽ぶき、花が咲き出すころになると、
寒い冬から解き放たれて
どこか自由になったような気がしませんか。
お正月とは違った
新しい一年の始まりを感じませんか。
静から動に季節が移行するとき、
体は新しい季節に慣れようと
少しがんばります。そして、
もし自分のおかれる環境が変わったなら、
その新しい環境に慣れようと
肉体的だけではなく精神的にも
無理をすることになります。
そんなとき、食べることで
元気になったりほっとしたりできたら。

["きれい"を食べる②] ハーブ

　ハーブとは薬草、香草の総称。タイム、セージ、オレガノ、パセリ、バジル、ローズマリー、ミントなど。解毒作用や殺菌、臭いを消したり、免疫力をアップさせたり、それぞれのハーブにはいろいろな効能があります。栄養素的にもビタミンやミネラルが豊富。また、ハーブにはリラックス効果があることもよく知られています。好きな香りをかぐと、気持ちがほぐれていく、という経験をした方も多いでしょう。ストレスを感じることの多い日々の生活に、今こそハーブは私たちの生活には欠かせないものになっていると思います。

　グリルやソテーにハーブの香りをプラスすると味に奥行が出ます。サラダやスープにハーブを添えると、とたんにいい香りの一皿になります。本書の42ページでご紹介した豚ヒレ肉のベニエでは和風ハーブの青じそを豚肉といっしょに揚げています。食べたときの香りをかぐと、どこかほのぼのとした気持ちになるものです。

　写真のようにハーブを束にしたものをブーケガルニといいますが、煮込みに入れるととても風味がよくなります。小さな花束のようにまとめて皿に添えると、あまりのかわいらしさに歓声があがったり。楽しいテーブルの演出になります。このようにしてハーブはいろいろな形で毎日の料理に使っています。

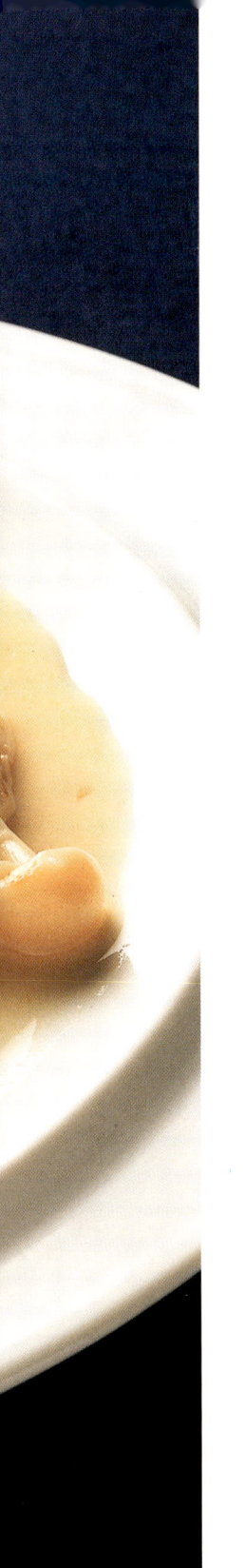

骨を丈夫にする

健康維持に欠かせないミネラルのひとつであるカルシウム。
骨や歯をつくり、血圧の上昇を防ぐなど、たくさんの重要な役割を果たしています。
残念ながら日本人に不足しがちなミネラルなのです。
慢性的に不足してしまうと骨量が減少して、骨粗しょう症になる不安も。
心身ともに元気でいるためにも季節にかかわらず、
一年を通してカルシウムを摂取するように心がけてください。
骨を丈夫にするためには運動も大切。体を動かして骨に負荷を
かけることで、骨の新陳代謝が活発になり、骨密度が上がるのです。

鯛のソテー ア・ラ・クリーム
Dorade sautée à la crème

きのこたっぷりのクリームソースが白身の魚とは相性抜群です。
461kcal

[材料(2人分)]
鯛の切り身…………2切れ(140g)
鯛の下味用
　天然塩、こしょう…………各少々
小麦粉…………少々
オリーブ油…………大さじ2
バター…………5g
ソース
├ 玉ねぎのみじん切り…………大さじ2
│ にんにくのみじん切り…………小さじ1
│ えのきだけ、エリンギ、白しめじ
│ …………合わせて160g
│ バター…………20g
│ 白ワイン…………50ml
│ 魚のスープ(市販品、水でも可)
│ …………70ml
│ 低脂肪生クリーム…………60ml
└ 塩、こしょう…………各少々
パセリの粗みじん切り…………少々

[作り方]
①ソースを作る。きのこは石づきを切ってほぐし、大きいものはさらに小さく切る。鍋に玉ねぎ、にんにく、バター10gを入れて火にかけ、香りが立つまで焦がさないように炒める。
②きのこを加えてかるく炒め、白ワイン、魚のスープを加え、弱火でコトコト煮込む。
③煮汁が1/3程度に煮詰まったら生クリームを注ぎ、煮立ったら弱火にして5分ほど煮込む。
④残りのバターを加え、塩、こしょうで味をととのえる。
⑤鯛は皮に切り目を入れて天然塩、こしょうをふる。
⑥フライパンにオリーブ油とバターを熱し、鯛に小麦粉をまぶして皮目から焼く。フライパンにフライ返しなどでしっかりと押しつけて皮をパリッと焼き、裏に返してじっくりと火を通す。
⑦器に鯛を盛ってソースをかけ、パセリを散らす。

mikuni's memo
白身魚で骨を丈夫に
白身の魚は消化がよく低脂肪。また、ビタミンDがカルシウムの吸収を高めてくれます。ビタミンDは脂溶性なので、油といっしょにとると吸収がさらにアップ。牛乳や生クリームなどの乳製品に含まれるたんぱく質の一種、カゼインホスホペプチドもまた、カルシウムの吸収を助けてくれます。

白身魚は火を通すと身が膨らんでくるので、フライ返しなどで押さえながら焼きつけます。皮目から焼いて、カリカリになったら返します。

たらとズッキーニの
プロヴァンス風
"Tara" et courgettes à la provençale

粒マスタードがぴりっとおいしい。
野菜たっぷりで食べごたえも十分。
148kcal

mikuni's memo
たらはアンチエイジング食材
魚の中でも高たんぱく、低カロリーを誇るたら。手ごろな価格もうれしいところです。ビタミンAやD、カリウムが豊富で、ダイエットやアンチエイジングにもってこいの食材です。レモンなどのかんきつ類に含まれるクエン酸やビタミンCは、カルシウムや鉄などのミネラルの吸収を助けてくれます。

[材料(2人分)]
- 生たらの切り身……2切れ(140g)
- 昆布……適宜
- ズッキーニ……1/2本
- なす……大1本
- ジャンボピーマン(緑、黄、赤)……各12g
- 枝豆(塩ゆでしてさやから出したもの)……大さじ1
- タイム……2枝
- オリーブ油……大さじ1
- レモン汁……小さじ1
- 粒マスタード……小さじ1
- オリーブ油(仕上げ用)……少々

[作り方]
①耐熱性の器に昆布を敷き、たらを皮目の方を下にしてのせ、ラップをかける。十分に蒸気の上がった蒸し器に入れ、弱火で8分蒸す。
②ズッキーニとなすは、皮つきのまま一口大の乱切りにし、タイム1枝を入れて塩ゆでする。
③ピーマンは皮を包丁でむいて乱切りにする。
④ボウルに②、ジャンボピーマン、枝豆、タイム1枝、オリーブ油、レモン汁を入れてあえる。
⑤器に④の野菜を盛り、たらをのせる。たらの表面に粒マスタードを塗り、オリーブ油をふりかける。

mikuni's memo

いさきはダイエットに適したお魚

魚介、大豆製品に多く含まれるマグネシウムも、骨の形成には必要なミネラルです。いさきは、脂質が比較的少なく消化もよく低カロリーで、ダイエットに適したお魚。カリウムが多く含まれ、血圧が上がる原因となるナトリウムの作用を抑えてくれるので、血圧が気になる人にもおすすめの食材です。

いさきの西京焼き粒マスタード風味
Poisson aux okuras

初夏においしいいさきを
香り豊かな木の芽風味の焼きものにしました。
230kcal

[材料（2人分）]
いさき……………1尾（140g）
小麦粉……………少々
オリーブ油………適宜
みそソース
├ 西京みそ…………大さじ1強
│ 魚のスープ（市販品、水でも可）
│ …………60ml
│ 砂糖…………大さじ2
│ 粒マスタード…………小さじ1
└ 木の芽…………10枚
オクラ…………5本
木の芽（飾り用）…………10枚

[作り方]
①みそソースを作る。鍋に木の芽以外の材料を合わせてよく混ぜ、火にかける。こげないように木ベラでかき混ぜ、とろりとしてきたら木の芽をちぎって加え、混ぜる。
②いさきはうろこを落とし、三枚におろし、小麦粉をかるくまぶす。
③オクラは塩ゆでし、縦半分に切る。
④フライパンにオリーブ油大さじ1を熱し、いさきを皮目からカリッと焼き、裏返してじっくりと火を通す。身側にみそソースを大さじ2ずつ塗る。
⑤器にオクラを並べて木の芽を飾り、いさきを盛ってオリーブ油をまわしかける。

スパニッシュ風 とろとろオムレツ
Omelette espagnole

お口の中でふんわりとろける
栄養満点の卵料理です。
443kcal

[材料（2人分）]
卵液
　┌ 卵…………3個
　│ 牛乳…………1カップ
　│ 低脂肪生クリーム…………60ml
　└ 粉チーズ…………大さじ2
マッシュルーム…………4個
レモン汁…………少々
ジャンボピーマン（緑、黄、赤）
　…………各1/5個
じゃがいも…………1/2個
玉ねぎ…………1/4個
天然塩、こしょう…………各少々
粉チーズ…………大さじ1
オリーブ油…………大さじ1
パセリの粗みじん切り…………少々

[作り方]
①マッシュルームは石づきを切って小口から4等分に切り、レモン汁をからめる。ピーマンは1.5cm四方に切る。じゃがいもと玉ねぎは1.5cm角に切り、塩ゆでする。
②卵液を作る。ボウルに卵を割りほぐし、こしをきるようにかき混ぜ、裏ごしする。残りの材料を加えて混ぜ、塩、こしょうで味をととのえる。
③鍋に卵液、①を合わせて弱火にかけ、木べらで鍋底が焦げつかず、卵が固まらないように温める。
④耐熱性の容器に③を分け入れ、表面に粉チーズをふり、200℃のオーブンで約25分焼く。
⑤オリーブ油を回しかけ、パセリを散らす。

卵は理想的な食品

卵は栄養満点。ただし欠けているのがビタミンCと食物繊維なのです。それをトマトやパプリカ（ジャンボピーマン）などの野菜で補っているので、これほど頼もしいメニューはないくらい。肌を元気にしてくれる理想的な高たんぱく食品です。焼く前に塩、こしょうすると味が薄まるので、食べる直前にふると減塩でもおいしく食べることができます。

ビシソワーズ メレンゲのせ
Vichyssoise en neige

冷たいスープにふわふわのメレンゲ。
食欲のない日でも、
無理なく食べられそうです。
126kcal

[材料（2人分）]
じゃがいも……………大1個
玉ねぎ……………1/4個
オリーブ油…………大さじ1
タイム………1枝
チキンスープ（市販品でも可）
…………150ml
天然塩…………少々
卵白…………1個分
白ワインビネガー…………少々
あさつき（または万能ねぎ）の小口切り
…………少々

[作り方]
①じゃがいもは皮をむいて薄切りにする。玉ねぎも薄切りにする。
②鍋にオリーブ油を熱して玉ねぎを炒め、しんなりとしたらじゃがいもを加え、焦がさないように炒める。
③タイム、チキンスープを入れて煮立ったらアクを取って、じゃがいもが柔らかくなるまで煮る。
④③の粗熱をとり、ミキサーで滑らかに撹拌し、氷水を当てたボウルに入れて冷ます。塩少々で味をととのえる。
⑤卵白は塩少々を加え、堅く角が立つまで泡立て、④を小さじ1混ぜる。
⑥白ワインビネガーを加えた湯に、⑤をスプーンで丸くすくって落とし、しばらくゆでてから上下を返し、火を通す。
⑦器に④を注ぎ、⑥を浮かべてあさつき（または万能ねぎ）を散らす。

mikuni's memo

じゃがいものビタミンC

じゃがいものビタミンCはでんぷんに包まれているため、熱に強いのが特徴です。美肌の味方、ビタミンCは女性にとっては欠かせませんね。また、じゃがいもには体内のよぶんな塩分を排泄して血圧を下げてくれるカリウムも豊富です。

体脂肪を減らす

食べたり飲んだりして体にとり入れたエネルギーが、
利用されずに余ったとき、それは脂肪などになって体に蓄積され、
体脂肪増加という結果を招きます。さらに血液中の脂肪が
増え過ぎてしまうと中性脂肪やコレステロールが高くなってしまいます。
これらの症状は、心臓や血管、脳などの深刻な病気の引き金になったり、
高血圧、糖尿病などを併発してしまうことも。そうならないためには
カロリーを控えめにしたり、コレステロールや中性脂肪を体の外に出してくれる
栄養素を積極的にとり入れたり。毎日の食事が重要なポイントになります。
もちろん適度な運動をすることも忘れないでください。

ブイヤベース
Bouillabaisse

ガーリックトーストにスープをたっぷり
しみこませて食べるのが本場流。
325kcal

[材料(4人分)]
車えび(有頭、殻つき)‥‥‥‥‥大2尾
ゆでだこの足‥‥‥‥‥1本
いか‥‥‥‥‥1ぱい
あさり(砂出ししたもの)‥‥‥‥‥8個
はまぐり(砂出ししたもの)‥‥‥‥‥6個
しじみ(砂出ししたもの)‥‥‥‥‥30粒
玉ねぎ‥‥‥‥‥大½個
オリーブ油‥‥‥‥‥大さじ2
A ┌ 玉ねぎのみじん切り‥‥‥‥‥大さじ3
  │ しょうがのみじん切り‥‥‥‥‥大さじ1
  └ にんにくのみじん切り‥‥‥‥‥小さじ1
B ┌ サフラン‥‥‥‥‥ひとつまみ
  │ 白ワイン‥‥‥‥‥80ml
  │ 魚のスープ(市販品、水でも可)
  │ ‥‥‥‥300ml
  │ トマトペースト‥‥‥‥‥大さじ1
  └ みそ‥‥‥‥‥大さじ1½
ガーリックトースト
  ┌ バゲットの薄切り‥‥‥‥‥4枚
  │ にんにく‥‥‥‥‥½かけ
  └ バター‥‥‥‥‥適宜
セルフィーユ、タイム、イタリアンパセリ
(飾り用)‥‥‥‥‥各適宜

[作り方]
①車えびは背わたを取る。たこは食べやすく切る。いかは足と内臓を引き抜き、食べやすく切り分ける。貝類は殻をきれいに洗う。
②玉ねぎは厚さ1cmの輪切りにし、ばらばらにする。
③鍋にオリーブ油を熱し、Aを炒める。香りが立ったらBを加えて沸騰させる。
④魚介と玉ねぎを加え、弱火で15～20分煮る。
⑤ガーリックトーストを作る。バゲットににんにくの切り口をこすってにんにくをすり込み、バターを塗ってオーブントースターで香ばしく焼く。
⑥器にブイヤベースを盛り、ガーリックトーストを添えてハーブを飾る。

mikuni's memo
魚介類でダイエット
コレステロール低下に一役買ってくれるタウリンたっぷりのいかやたこ、貝を使って。魚介類は低脂肪、低カロリー、高たんぱくで、あさり、しじみなどには鉄が豊富に含まれます。殻つき、頭つきの魚介を使うと、食べるのに時間がかかり、食べ過ぎを防いでくれます。カロリーを控えめにしたい人は、オリーブ油の分量を減らして。

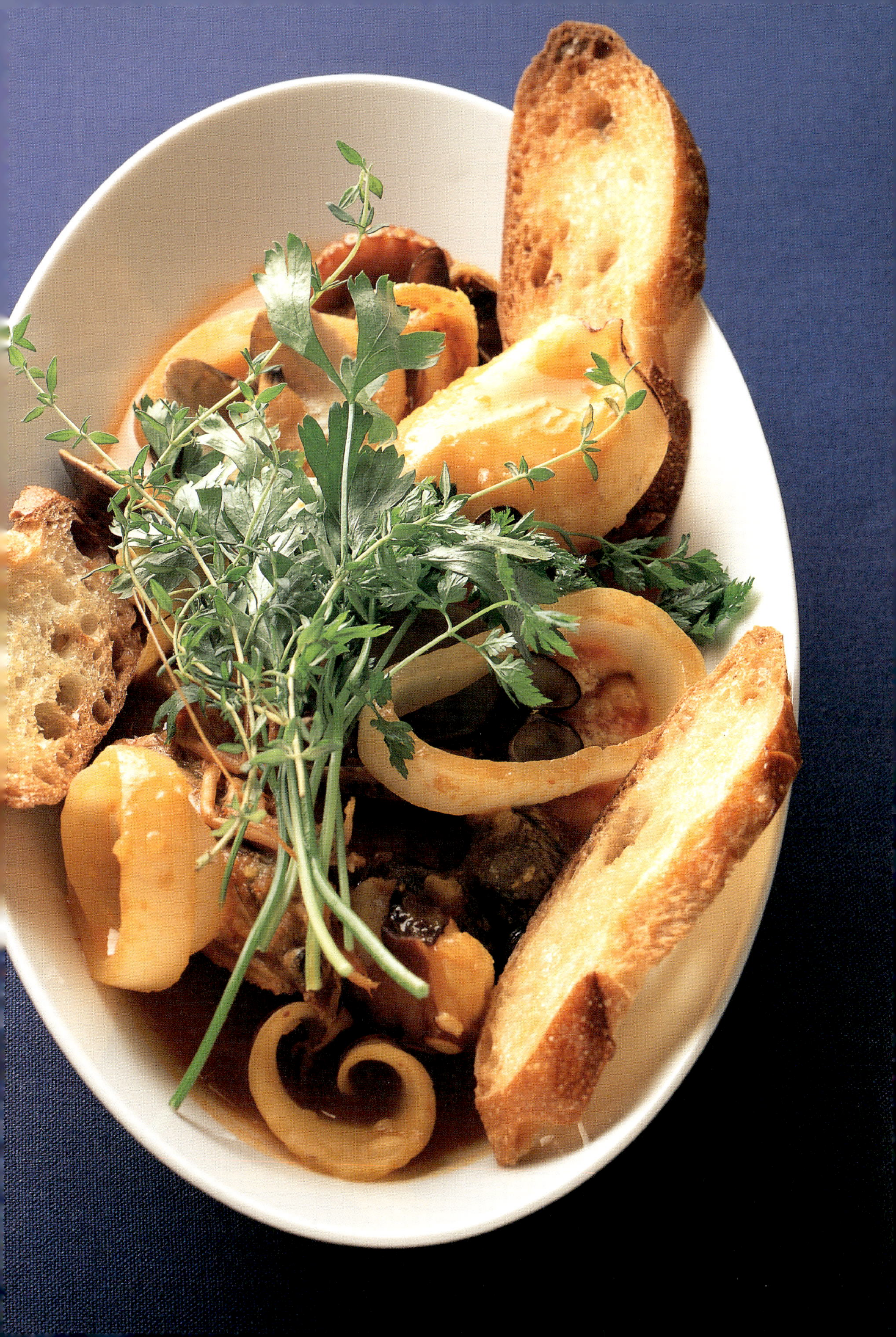

甘鯛のかぶら白ワイン蒸し
Poisson vapeur

ふんわりしたやさしい食感がうれしい
心もからだも温まる一品。
240kcal

mikuni's memo
かぶでおなかのお掃除！
かぶには、貧血を予防してくれる葉酸が多く含まれています。加えて、消化酵素が豊富なので、胸焼けや胃もたれにも効果的。一方、ひじきやきくらげには、カルシウムやマグネシウムなど骨粗しょう症に有効なミネラルがたっぷり。

[材料（2人分）]
甘鯛の切り身……………140g
かぶ…………中5個
卵白…………2個分
天然塩…………少々
百合根…………10枚
にんじん…………2cm分
しめじ…………¼パック
ゆでぎんなん…………10粒
ひじき（乾燥）…………小さじ2
きくらげ（乾燥）…………小さじ2
蒸し汁
　┌ 野菜スープ（市販品でも可）
　│　…………50ml
　└ 白ワイン…………50ml
水溶きコーンスターチ※…………適宜
三つ葉…………2本
※コーンスターチを倍量の水で溶かしたもの。片栗粉で代用しても。

[作り方]
①甘鯛は皮つきのまま、3cm角に切る。
②百合根は塩ゆでする。にんじんは厚さ2mmの輪切りにし、花型で抜いて塩ゆでする。しめじは石づきを切ってほぐす。
③かぶは皮つきのまますりおろす。ボウルに卵白と天然塩ひとつまみを入れて泡立て（七分立て程度）、かぶを加えて混ぜる。
④③に①、②、ゆでぎんなん、水でもどしたひじき、きくらげをさっくりと混ぜる。
⑤セルクル（器に合う大きさのもの※）に大きめに切ったラップを敷き、④の½量を入れ、ラップの先をねじって茶巾の形にする。もう1つも同様に作る。
⑥耐熱性の容器に⑤を並べ、蒸し汁の材料を注ぎ、十分に蒸気の立った蒸し器で10分、中火で蒸す。
⑦かぶら蒸しのラップをはずして器に盛る。蒸し汁は鍋にとって熱し、塩で味をととのえ、水溶きコーンスターチでとろみをつける。
⑧かぶら蒸しに蒸し汁をかけ、三つ葉を飾る。
※セルクルは、側面の枠だけで底のない円形の焼き型のこと。なければラップだけでも。

[材料(2人分)]
こんにゃく…………140g
生しいたけ…………大4個
絹さや…………10枚
玉ねぎ…………5g
クレソン…………少々
煮汁
├ サラダ油…………大さじ2
│ しょうゆ………… 大さじ2
│ 砂糖…………ひとつまみ
│ 和風だし(市販品でも可)
│ …………60ml
└ バルサミコ酢…………小さじ½
かつお節、刻みのり…………各少々
グリーンタバスコ…………少々

[作り方]
①こんにゃくは1.5cm角に切ってさっと下ゆでする。生しいたけは石づきを取り、縦4等分に切る。
②絹さやは筋を取って塩ゆでする。玉ねぎは繊維に沿って薄切りにし、水にさらして水けをきる。
③フライパンに煮汁の材料を合わせて火にかけ、こんにゃくと生しいたけを入れる。煮汁が少なくなり、全体に照りが出るまで煮る。
④仕上げに絹さやを加えてさっと混ぜ、器に盛る。
⑤グリーンタバスコをふり入れ、玉ねぎ、刻みのり、かつお節、クレソンを盛る。

mikuni's memo

こんにゃくは超低エネルギー食品

こんにゃく、しらたきは低カロリーなうえ腹持ちがよくボリューム感も出るので、ダイエットには最適の食材です。食物繊維が豊富なので、便秘の改善にも一役かってくれます。また、有害物質を吸着して体外へ排出したり、血糖値の急激な上昇を防いでくれるという役割も。

しいたけ、こんにゃくピリ辛の洋風うま煮
"Umani" à la japonaise

和風の煮ものに、
タバスコの独特な辛みを
プラスするところがミクニ風。
155kcal

ミクニトムヤムクン
Soupe coréenne

スパイシーなタイのスープを
ミクニ流にアレンジ。
からだの中から温まると元気も出てきます。
163kcal

[材料(2人分)]
生しいたけ‥‥‥‥‥小6個
白菜‥‥‥‥‥中1枚
にんじん‥‥‥‥‥5cm分
たけのこの水煮(穂先)‥‥‥‥50g
塩‥‥‥‥‥少々
A ┌ チキンスープ(市販品でも可)
　│　‥‥‥‥‥2カップ
　│ ナンプラー‥‥‥‥小さじ1
　│ しょうがのせん切り‥‥‥‥3g
　│ 赤唐辛子(種を出して)‥‥‥‥½本
　│ レモンバーム‥‥‥‥‥8枝
　└ ハラペーニョ※‥‥‥‥‥少々
アルファルファ‥‥‥‥‥少々
ピンクペッパー‥‥‥‥‥少々
黒粒こしょう(粗くつぶして)
‥‥‥‥‥少々
アボカドオイル‥‥‥‥‥大さじ2
レモングラス、レモンバーム(飾り用)
‥‥‥‥‥各少々

※だ円形をしている肉厚の唐辛子。メキシコ料理でよく使われる。なければ赤唐辛子など辛みのあるもので代用しても。

[作り方]
①生しいたけは石づきのまわりをこそげ、かさに十文字の切り込みを入れる。白菜は1×3cmの短冊に切る。にんじんは皮をむき厚さ5mmの輪切りにし、塩ゆでする。たけのこはくし形に切る。
②鍋にAの材料と①を入れ、中火で5～6分煮て味をなじませる。
③器に盛ってアルファルファ、ピンクペッパー、黒こしょうを散らし、レモングラスとレモンバームを飾り、アボカドオイルをまわしかける。

mikuni's memo
辛みを食べる＝脂肪を燃焼させる、ということ

唐辛子のカプサイシンは体内に入ると、アドレナリンなどのホルモンの分泌を盛んにします。これによってエネルギーの代謝を活発にし、さらに脂肪も燃焼させるので、ダイエットにおすすめ。また、皮膚の温度を上昇させるので、血行を高め、肩こり、冷え性の人にも。

[材料(2人分)]
グリーンアスパラガス…………4本
万能ねぎ…………2本
サラダ用海藻(トサカノリなど塩蔵)
　白、緑、赤…………合わせて20g
サニーレタスの葉…………大2枚
あさつき、パセリ…………各少々
オランデーズソース
　┌ 卵黄…………2個分
　│ 水…………大さじ1
　│ 白ワインビネガー…………小さじ1
　│ 塩…………少々
　└ プレーンヨーグルト…………大さじ2

[作り方]
①オランデーズソースを作る。ボウルに卵黄、水、白ワインビネガー、塩を合わせ、湯せんにかけながら泡立て器で撹拌し、とろりとしたソースになったらヨーグルトを混ぜる。
②アスパラガスは根元の方の硬い皮をむき、塩ゆでする。一緒に万能ねぎもさっとゆでる。ゆでたアスパラガスを半分に切り、穂先の2本と根元の2本をまとめて万能ねぎで縛る。もう1束同様に作る。
③海藻はたっぷりの水にさらして塩けを抜き、よく水をきる。
④サニーレタスは幅1cmに切って冷水にさらし、シャキッとさせて水けをきる。あさつきは長さ4〜5cmに切る。パセリは粗みじんに切る。
⑤器にサニーレタスを敷き詰め、海藻を盛る。中央に②のアスパラガスを盛り、オランデーズソースをかけてあさつきとパセリを散らす。

mikuni's memo

アスパラガスで元気!
アスパラガスはアスパラギンという疲労回復や体力アップに役立つ成分や、貧血予防に欠かせない葉酸が含まれています。たんぱく質や脂肪、炭水化物はビタミンやミネラルがないと代謝されません。野菜をとることによって、それらの代謝がよくなって体の調子がよくなります。

アスパラと海藻のサラダ温かいマヨネーズあえ
Asperges en salade, sauce hollandaise

グリーンアスパラガスに
風味豊かな
オランデーズソースをかけて。
101kcal

夏のおかず
Recettes d'été

暑い夏。汗をかくのは体温を調節するために
大切なことですが、それにはとても体力を使うのです。
そして海や山、キラキラした太陽は
気持ちに元気を与えてくれる反面、日焼けなどをすると、
これもまた疲労の一因になってしまいます。
暑さで熟睡できない日が続くと、さらに疲労はかさむ一方。
このように夏という季節は体にかなり
負担がかかる季節なのです。しっかり栄養の
あるものを食べて、元気に楽しく夏をのりきりましょう。

["きれい"を食べる③] **スパイス**

植物の果実や種や根、樹皮などを加工したスパイスは料理に加えると辛味や香りが深まって、味に複雑味を与えてくれます。

種類によっては脂肪を燃焼させる効果があったり、抗酸化作用があったりするので、積極的に使うことをおすすめします。さらに、スパイスを加えることで味にポイントができ、少ない塩分でもおいしいと満足できる、という嬉しい効果もあります。要するに塩分控えめで料理を作れるということにつながるのです。

写真は実際に厨房で使われているスパイスなど。14〜15種のスパイスを用意しておき、一つの料理に5〜6種も使うことがあります。それは、料理を刺激的にしたいから。香りが人の好奇心をかきたててくれるから。そして料理にパンチがきくからです。

左の列上からクミンシード、ピスタチオを細かく砕いたもの、モカペッパー(こしょうの一種)、カレー粉。中央の列上からハーブ塩、サフラン、クスクス、マスタードシード。右の列上から黒こしょう、コリアンダーシード、ピンクペッパー、ごま。これらを大きなバットに並べています。

ふと思いついたときに下味に使ったり、味つけに加えたり、皿に盛り付けてから少量をふり入れたり。和風にはこれ、洋風にはこっち、と使うアイテムを決めつけず、自由に使い回していくことも楽しいものです。

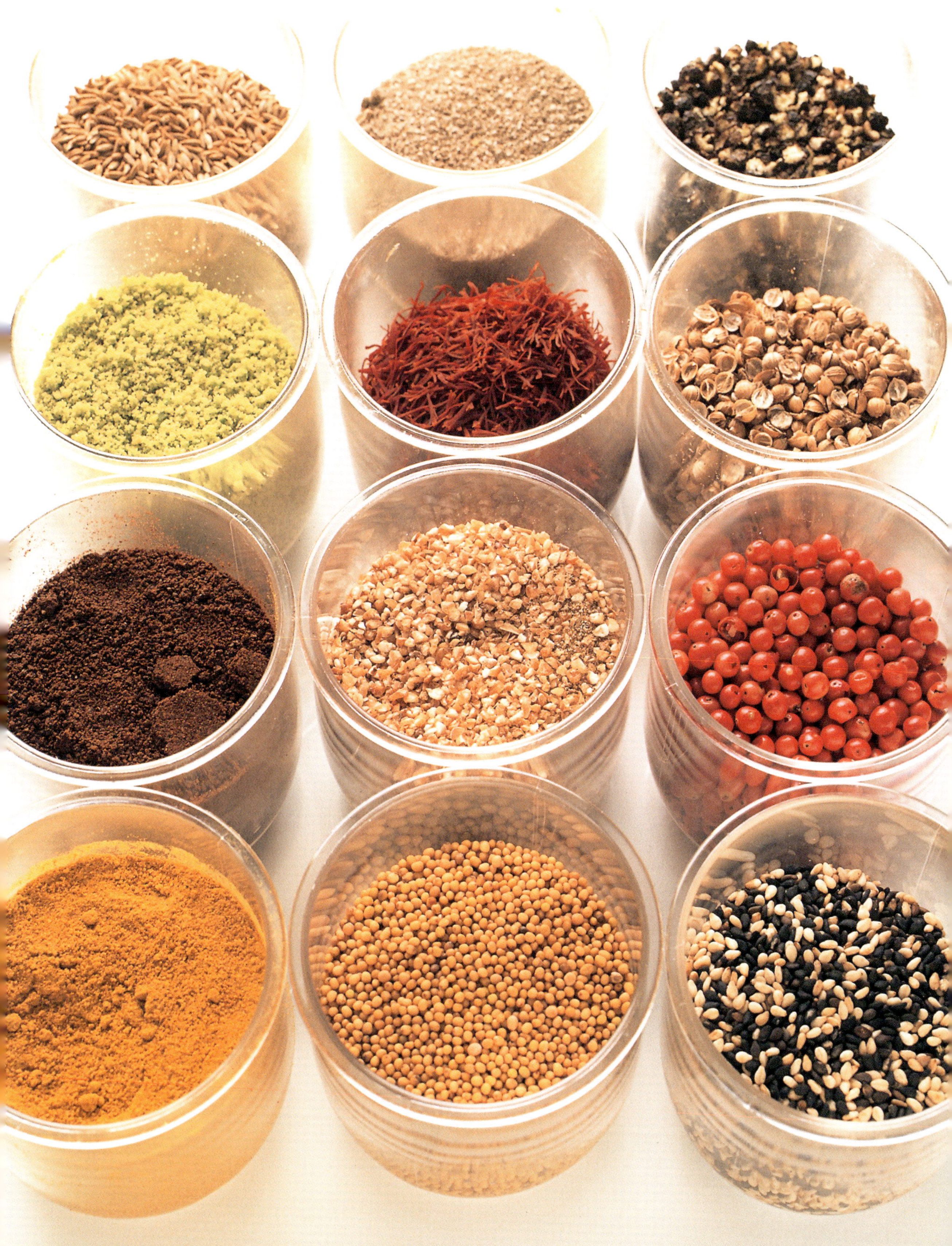

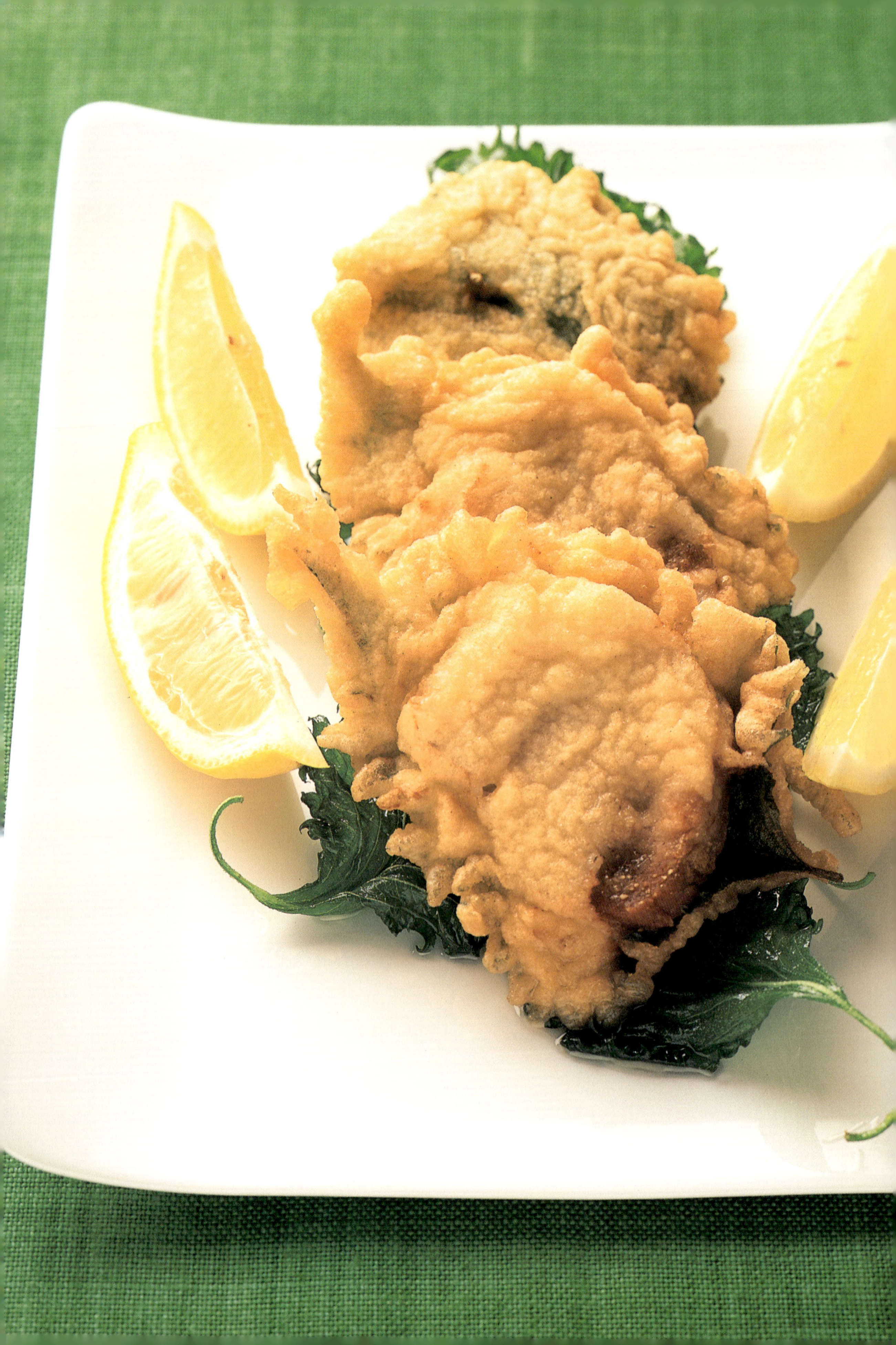

疲れを解消！

体温を下げるために出す汗は、糖質や脂質を燃やして作ります。燃やすときにはビタミンB1が必要。これが足りないとエネルギーが作りにくくなって疲労物質のピルビン酸などがたまり、それが疲労というかたちであらわれてしまうのです。ということで、とにかく夏はビタミンB1をたっぷりとることが必要です。豚肉、うなぎに突出して多く含まれ、続いて玄米や大豆製品にも含まれています。そしてビタミンB1の吸収を助けるアリシンはにんにくや玉ねぎに多く含まれています。

豚ヒレ肉のベニエ 青じその香り
Filet de porc en beignet

ベニエとはフランス語で衣をつけて揚げたもののこと。
しその香りが食欲をそそります。
269kcal

[材料（2人分）]
豚ヒレ肉（塊）…………90g
豚肉の下味用
　天然塩、こしょう…………各少々
青じその葉…………12枚
ひき肉だね
├ 豚バラひき肉…………80g
│　生しいたけ…………4個
│　にんじんのみじん切り………大さじ2
│　しょうがのみじん切り………大さじ1
│　にんにくのみじん切り………小さじ½
│　しょうゆ…………大さじ1
│　白ワインビネガー…………大さじ½
└ 塩、こしょう…………各少々
衣（混ぜ合わせる）
├ 薄力粉…………大さじ3
│ 卵…………1個
└ 水…………大さじ2
揚げ油…………適宜
レモン（くし切り）…………1個分

[作り方]
①ひき肉だねを作る。生しいたけは軸を取ってみじん切りにする。ボウルに材料を全て合わせ、手でよく練り混ぜる。
②ヒレ肉は6等分の薄切りにし、天然塩、こしょうをふる。
③青じそ1枚にひき肉だねの⅙量をのばし、ヒレ肉を1枚重ねる。同様にもう5組作る。
④揚げ油を熱し、残りの青じそをパリッと揚げ、油をきる。
⑤③に衣をつけ、160℃の揚げ油で3分ほど、ゆっくりと揚げて油をきる。
⑥器に揚げた青じそとレモンを盛り、⑤をのせる。

青じその葉の表側にひき肉だねを葉よりひと回り小さく塗りつけ、その上にヒレ肉をのせます。

mikuni's memo
疲労回復のビタミン
豚肉に含まれるビタミンB1は疲労回復のビタミンと呼ばれ、不足すると乳酸などの疲労物質が蓄積されて、だるさや倦怠感が生じます。ビタミンB1は、にんにくに含まれるアリシンといっしょにとると吸収がアップ。適温の油で揚げると、よぶんなカロリーをカットすることができます。

バーニャカウダ ア・ラ・メゾン
Hors d'œuvres à la française

ソースをたっぷりつけて野菜をいただく、
イタリアはピエモンテ地方の郷土料理。
野菜の種類と量はお好みで。
269kcal

[材料(2人分)]
ソース
　┌ レバーピューレ
　│　┌ 鶏レバー…………40g
　│　│ 牛乳…………適宜
　│　│ 塩、こしょう、小麦粉
　│　│ …………各少々
　│　│ オリーブ油…………少々
　│　└ ブランデー…………少々
　│ にんにくピューレ
　│　┌ にんにく…………1かけ
　│　└ 牛乳…………適宜
　│ 白練りごま…………大さじ1
　│ マヨネーズ…………大さじ2
　└ タバスコ…………3滴
ラディッシュ…………1個
プチトマト(赤、黄)…………各3個
にんじん、セロリ(棒状に切ったもの)
…………各2本
さやいんげん…………2本
小かぶ(葉つき)…………½個
オクラ…………1本
ブロッコリー…………小2房
カリフラワー…………小2房
ベビーコーン…………1本
姫大根…………1本
ベビーリーフ…………適宜
パセリ…………少々
いりごま(黒、白)…………各少々

[作り方]
①ソースを作る。鶏レバーは牛乳に30分ほどつけて臭みを抜き、水けを拭いて塩、こしょうして小麦粉をまぶす。フライパンにオリーブ油を熱して鶏レバーを香ばしく焼き、仕上げにブランデーをふってからめる。粗熱をとり、裏ごししてピューレ状にする。
②にんにくは薄皮をむき、鍋にひたひたの牛乳を加えて弱火にかける。柔らかく煮て、裏ごししてピューレ状にする。
③ボウルに①、②、ソースの残りの材料を合わせて混ぜる。
④さやいんげんはへたを切る。小かぶは葉を落とし、縦半分に切る。オクラはがくをむき取る。
⑤④の野菜、ブロッコリー、カリフラワー、ベビーコーン、姫大根を固めに塩ゆでする。
⑥器にゆで野菜、生野菜を盛り合わせ、ベビーリーフにはごまをふる。ソースを添えて。

にんにくは薄皮をむき、ひたひたの牛乳を加えて弱火にかけます。このまま裏ごししてソースにするので、中までしっかり火を通すのがポイントです。

mikuni's memo
とにかく野菜!
スタミナアップに効果のあるにんにくをたっぷり使ったレシピです。野菜は冷蔵庫の中にあるものを使って。緑黄色野菜、淡色野菜をたくさんとることで、β-カロテンやビタミンC、Eなどの抗酸化ビタミン、食物繊維やカリウムなど色々な栄養素をとることができます。マヨネーズはカロリー控えめのものを。

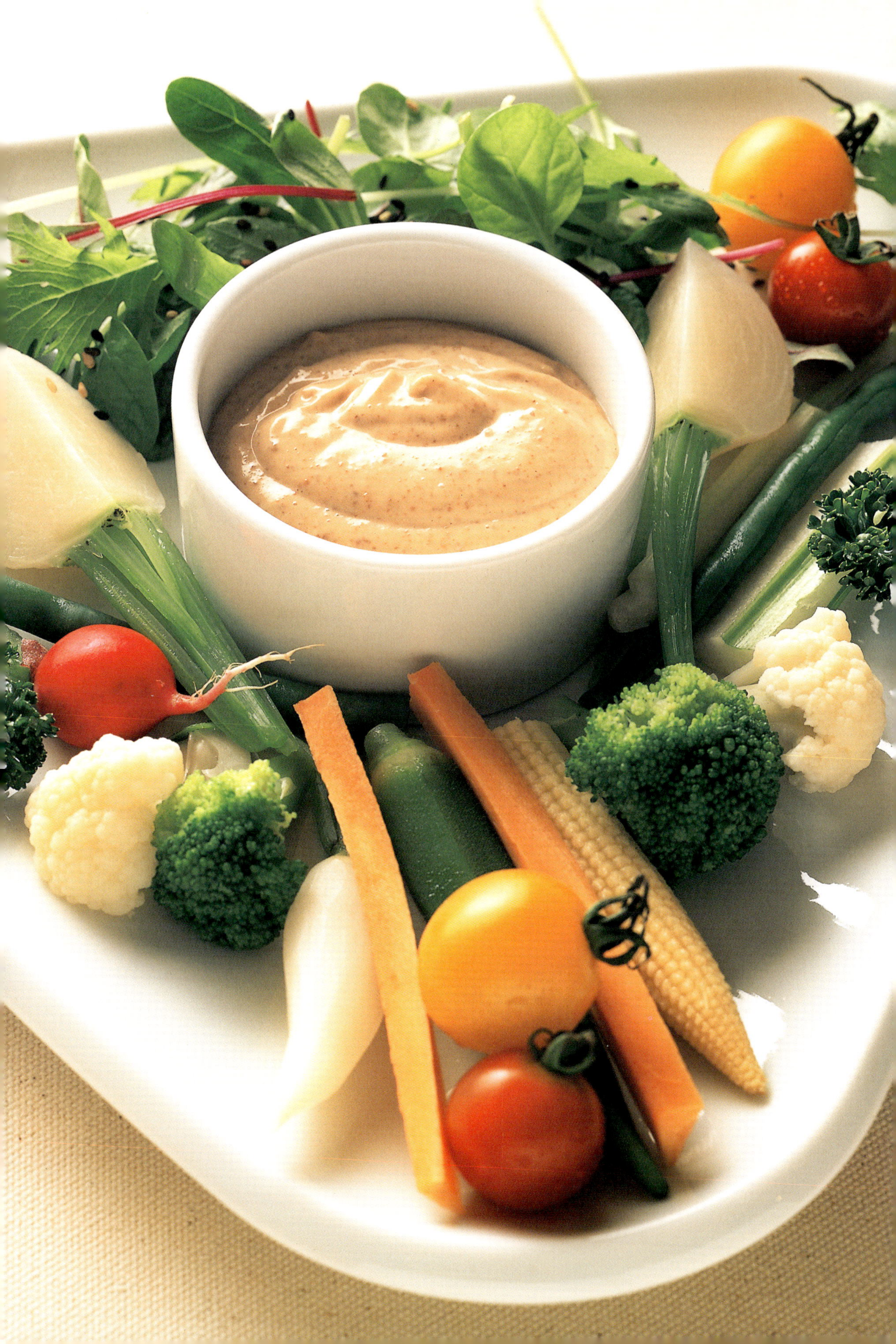

豚しゃぶの
ピンクサラダ
"Shabu-shabu" de porc en salade rosée

ベリーがほんのり甘酸っぱい。
フランボワーズはフランス語でラズベリーのこと。
ブルーベリーで代用しても。
171kcal

[材料(2人分)]
豚ロース薄切り肉………140g
ジャンボピーマン(緑、黄、赤)
………各10g
貝割れ菜…………40g
パイナップル(生)………10g
フランボワーズ(生または冷凍)
…………12粒
パセリの粗みじん切り………少々
梅肉ソース(混ぜ合わせる)
┌ 梅肉…………小さじ2
│ しょうゆ…………小さじ½
│ 砂糖…………ひとつまみ
│ 和風だし(市販品でも可)
│ …………大さじ1½
│ フランボワーズピューレ※
└ …………小さじ1
※フランボワーズをつぶし、こしてピューレ状にしたもの。

[作り方]
①ピーマンは薄皮をむき、縦に薄切りにする。貝割れ菜は根元を落とす。パイナップルは3mm角、長さ3cmの棒状に切る。
②豚肉は熱湯でさっとゆで、氷水で冷やして水けをきる。
③ボウルに①、フランボワーズ、パセリを合わせ、梅肉ソース大さじ1を加えてよくあえる。
④器に③を敷いて豚肉をのせ、残ったソースをはけで表面に塗る。

mikuni's memo

梅を食べると若返る?

豚肉のビタミンB1に加え、梅肉ソースのクエン酸にも疲労回復効果が。また梅には、唾液の分泌を盛んにする効果がありますが、唾液中には抗酸化物質が含まれているのでゆっくりかんで唾液を分泌させましょう。豚ロース肉の場合、ゆでて食べるとそれだけでもカロリーを10%カットできるので、ダイエットにはぴったりです。

> **mikuni's memo**
>
> **かつおを生で食べる理由**
>
> かつおには疲労回復を助けるビタミンB1や貧血を予防してくれる鉄分が含まれており、女性におすすめの食材です。また、かつおに含まれるEPAやDHAは、生でとると吸収がよくなるので、刺身やたたきなど新鮮なうちに食べるのが効果的です。特にDHAは、アンチエイシングに有効なホルモンの構成材料になります。

[材料(2人分)]
かつお(刺身用のさく、皮なし)
　…………160g
オリーブ油………小さじ1
薬味
├ みょうが…………2個
├ 青じその葉のせん切り………2枚分
├ 白髪ねぎ、しょうがのせん切り
└ …………各少々
海水ジュレ
├ 水…………300ml
├ 天然塩…………小さじ1
├ 粉ゼラチン…………7g
└ いりごま(白、黒)…………各少々
万能ねぎの小口切り…………少々
カレー粉…………少々

[作り方]
①フライパンにオリーブ油を熱し、かつおを入れて表面にさっと焼き色をつける。
②かつおを冷水にとって水けを拭き、厚さ約1cmに切り分ける。
③海水ジュレを作る。鍋に水と天然塩を合わせて煮立て、火を止めてゼラチンを加えて溶かす。ボウルに移し、底を氷水に当てて混ぜながら冷やす。トロッとしてきたらごまを混ぜる。
④みょうがは縦半分に切って薄切りにし、他の薬味とともに冷水にさらしてシャキッとさせ、水けをきる。
⑤器にかつおを盛り、薬味を散らす。③のジュレを全体を覆うようにかけ、冷蔵庫で冷やし固める。
⑥万能ねぎとカレー粉を表面に散らす。

かつおのたたき海水ジュレ寄せ
"Katsuo" en gelée de sésame

つるんと口に入ってくれる、
ジュレといっしょに。
薬味をたっぷりきかせて。
108kcal

美肌をつくる

汗をかくと肌の大切な脂肪分もいっしょに流れ出してしまいます。
また日焼けをするとしみやそばかすのもとに。
夏は肌にとっては過酷な季節です。バランスのとれた食事で新陳代謝を活発にし、
きれいな肌をつくりましょう。とくにビタミンCをたっぷりとって、
メラニン色素の定着を防ぎ、しみ、そばかすになりにくい肌をつくりましょう。

鶏もも肉のハーブ焼き
Poulet au poivron

味のポイントはマスタード。
見るだけでも元気が出てきそうな一皿です。
436kcal

[材料(2人分)]
鶏もも肉…………1枚(約140g)
鶏肉の下味用
　天然塩、こしょう…………各少々
小麦粉…………少々
オリーブ油…………大さじ1
じゃがいも(小)…………6個
ピーマン…………2個
プチトマト(赤、黄)…………各6個
ローズマリー…………6枝
白ワイン…………100ml
和風だし(市販品でも可)
　…………100ml
粒マスタード…………大さじ1
仕上げ用
┌ パセリの粗みじん切り…………少々
└ オリーブ油…………大さじ1

[作り方]
①鶏肉は5×3cm四方に切り、塩、こしょうする。
②じゃがいもは皮つきのまま塩ゆでする。ピーマンはへたを切って種を抜き、幅1cmの輪切りにする。
③フライパンにオリーブ油を熱し、鶏肉に小麦粉を薄くまぶして皮目から焼く。
④皮がパリッと焼けたら裏に返し、じゃがいも、ローズマリーを加えて弱火でじっくりと火を通す。
⑤ピーマン、へたつきのままのプチトマトを加え、ピーマンがしんなりとするまで炒める。
⑥白ワイン、和風だしを注ぎ、煮汁が1/5量になるまで煮詰める。
⑦器に鶏肉と野菜を彩りよく盛る。煮汁は煮立て、粒マスタードを加えて混ぜ、ソースを作る。
⑧鶏肉と野菜にソースをかけ、パセリを散らしてオリーブ油を回しかけ、ローズマリーを飾る。

鶏肉は焼いているうちに膨らんでくるのでスプーンの背で抑えながら火を通します。皮目から焼いて、皮がカリッとしたら返します。

mikuni's memo
鶏肉はコラーゲン食材
鶏肉のたんぱく質は良質で消化吸収がよく、体の組織をつくる重要な栄養素です。じゃがいも、トマトに含まれるビタミンCとともに、肌にハリと潤いを与えてくれるコラーゲンを生成します。

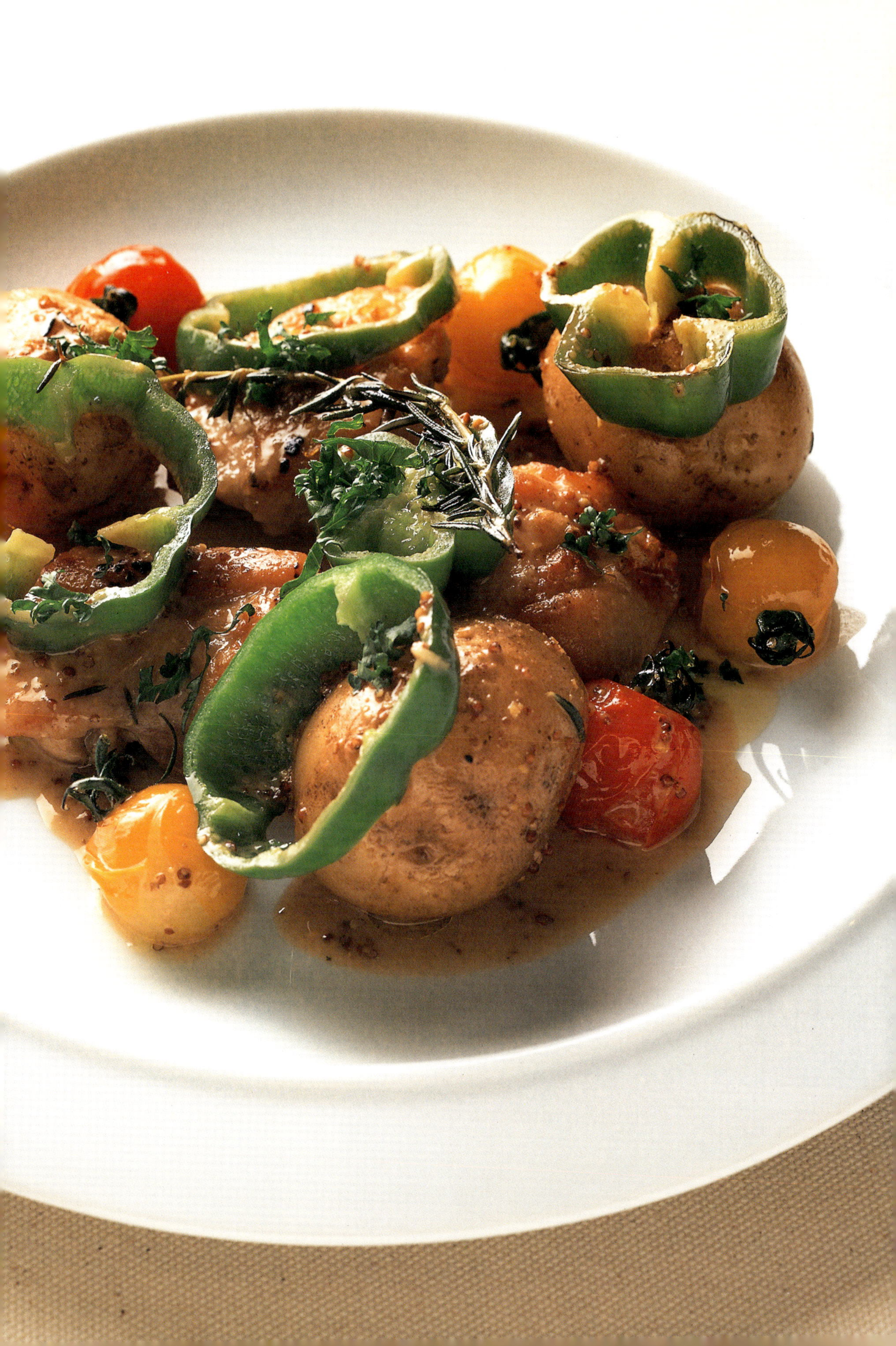

うなぎのポワレ 赤ワインソース
Anguille à la sauce vin rouge

うなぎがおしゃれな
フランス料理になりました。
五穀米のリゾットといっしょに。
571kcal

[材料(2人分)]
うなぎ(生、開いたもの)※
　　　　　　140g
赤ワイン…………1カップ
オリーブ油…………大さじ2
五穀米リゾット
├ 五穀米、米…………各30g
│ 湯…………65ml
└ 粉チーズ…………大さじ2
ハーブサラダ
├ セロリの葉、イタリアンパセリ、青じそ
│ の葉、セルフィーユ…………各適宜
│ レモンドレッシング(p.58参照)
└ …………適宜
塩、黒粒こしょう…………各少々
※冷凍の白焼きで代用しても。

[作り方]
①うなぎをバットに入れて赤ワインをひたひたに注いで2〜3時間漬けて水けを拭く。うなぎを漬けた赤ワインは鍋で¼量になるまで煮詰める。
②リゾットを作る。鍋にオリーブ油大さじ1を熱し、五穀米と米をかるく炒める。湯を5〜6回に分けて加えながらアルデンテに煮て、仕上げに粉チーズを加え混ぜて、塩、こしょうで味をととのえる。
③ハーブ類は食べやすく切るかちぎり、ドレッシングであえる。粒こしょうは粗くつぶす。
④フライパンにオリーブ油大さじ1を熱し、半分に切ったうなぎを皮目からパリッと焼き、裏に返してこんがりと焼く。
⑤器に直径8cmのセルクルを置き、リゾットを詰めて抜く。
⑥うなぎをのせてハーブサラダを盛り、煮詰めたワインをあしらってこしょうを散らす。

mikuni's memo

うなぎのパワー

うなぎには皮膚や粘膜を健康に保ってくれるビタミンAや、細胞の老化を防ぐと言われるビタミンEがたっぷり含まれています。また、カルシウムやビタミンDも豊富なので、骨粗しょう症の予防にも。一方、雑穀米はビタミン、ミネラル、食物繊維、ポリフェノール類がとれるので、積極的にとり入れたい食材です。

なすのチーズ焼き
Gratin d'aubergines à la béchamel

チーズ入りのホワイトソースで作る、
野菜グラタンです。
彩りもきれいで、テーブルが華やぎそう。
558kcal

[材料(2人分)]
- なす…………1本
- トマト…………1個
- ブロッコリー…………1/3株
- バジル…………4枝
- レモンの輪切り…………1枚
- オリーブ油…………大さじ2
- 天然塩、こしょう…………各少々
- チーズ入りホワイトソース
  - バター…………30g
  - 小麦粉…………25g
  - 牛乳…………500ml
  - 粉チーズ…………大さじ4
- 粉チーズ(仕上げ用)…………大さじ2
- バジル(飾り用)…………適宜

[作り方]
① ホワイトソースを作る。鍋にバターを弱めの中火で溶かし、完全に溶けたら小麦粉を加えて木べらで混ぜる。粉とバターがなじんで滑らかになったら、牛乳を加えてよく混ぜる。弱火でかき混ぜながら、とろりとするまで煮つめる。
② 粉チーズを加えて混ぜる。
③ なすは皮のまま幅1cmの輪切りにし、固めに塩ゆでする。トマトは大きめのくし形に切る。ブロッコリーは一口大に切り、固めに塩ゆでする。バジルは細切りに、レモンは8等分に切る。
④ ボウルに③、オリーブ油、天然塩、こしょうを入れ、よく混ぜ合わせる。
⑤ 耐熱性の容器に分け入れ、②をまんべんなくかけて粉チーズをふる。
⑥ 220℃のオーブンで15分焼き、バジルを飾る。

mikuni's memo

なすとチーズで美肌効果

なすは、皮膚の水分バランスを保つカリウムが豊富なので、乾燥肌の人にはうれしい食材です。一方、チーズは良質のたんぱく質やビタミンAを多く含んでいるので、こちらも美肌効果が期待でき、なすとは心強いコンビ。カロリーが気になる人は、オリーブ油をカットするか少量にして。

細胞を元気に

体の中の細胞を元気にするということは、健康な体をつくるということに加え、がんなどの病気を予防するということにもつながります。なぜなら、がん細胞は活性酸素などによって体内に生まれるものであり、体の外部から侵入してきた外敵ではないからです。
大切なのは、抗酸化力のある食材をたくさん選び、とにかくバランスのとれた食事をすることです。

えびと帆立てのレッドカレー
Crevettes au curry rouge

ちょっと贅沢な時間を過ごしたいとき、
スパイスを使って手作りの本格カレーを。
708kcal

[材料(2人分)]
帆立て貝柱…………6個(180g)
殻つきえび(ブラックタイガー)
…………6尾(360g)
にんじん…………1/3本
じゃがいも…………中1/3個
セロリ…………1/3本
オリーブ油…………大さじ1
A
- 玉ねぎのみじん切り……大さじ1
- にんにくのみじん切り……小さじ1
- カレー粉…………大さじ2
- チリパウダー…………大さじ1
- パプリカ…………大さじ2
- ジンジャーパウダー……小さじ1
- シナモンパウダー………小さじ1
- 小麦粉…………大さじ2

B
- 白ワイン…………80ml
- ビーフスープ(市販品でも可)
  …………80ml
- 和風だし(市販品でも可)
  …………120ml

天然塩…………少々
ターメリックライス※
- 米…………1合
- 玉ねぎのみじん切り……大さじ1/2
- セロリのみじん切り……大さじ1/2
- にんじんのみじん切り……大さじ1/2
- ターメリック…………小さじ1

パセリの粗みじん切り…………少々
※すべてを合わせ、通常の水加減で普通に炊く。

[作り方]
①殻つきえびは尾元の一節を残して殻をむき、背わたを取る。
②にんじん、じゃがいもは皮をむき、セロリもともに小さめの乱切りにし、塩ゆでする。
③フライパンにオリーブ油を熱し、帆立てとえびをさっと炒めて取り出す。
④続いてAを入れ、香りが出るまで焦がさないようによく炒める。
⑤Bを加え、とろっとするまで火を通す。
⑥帆立て、えび、②を加えて弱火で5〜6分煮込んで味をなじませ、塩で味をととのえる。
⑦器にターメリックライスを盛ってカレーをかけ、パセリをふる。

mikuni's memo

野菜を食べてがん予防

玉ねぎ(ケルセチン)、しょうが(ジンゲロン)、にんにく(アリシン)、セロリ(アピイン)に含まれる、カッコの中に示した栄養素には、強い抗酸化作用があり、体の細胞をガンの原因と言われる活性酸素の害から守ってくれます。カロリーが気になる人は、テフロン加工のフライパンを使ってオリーブ油なしで。

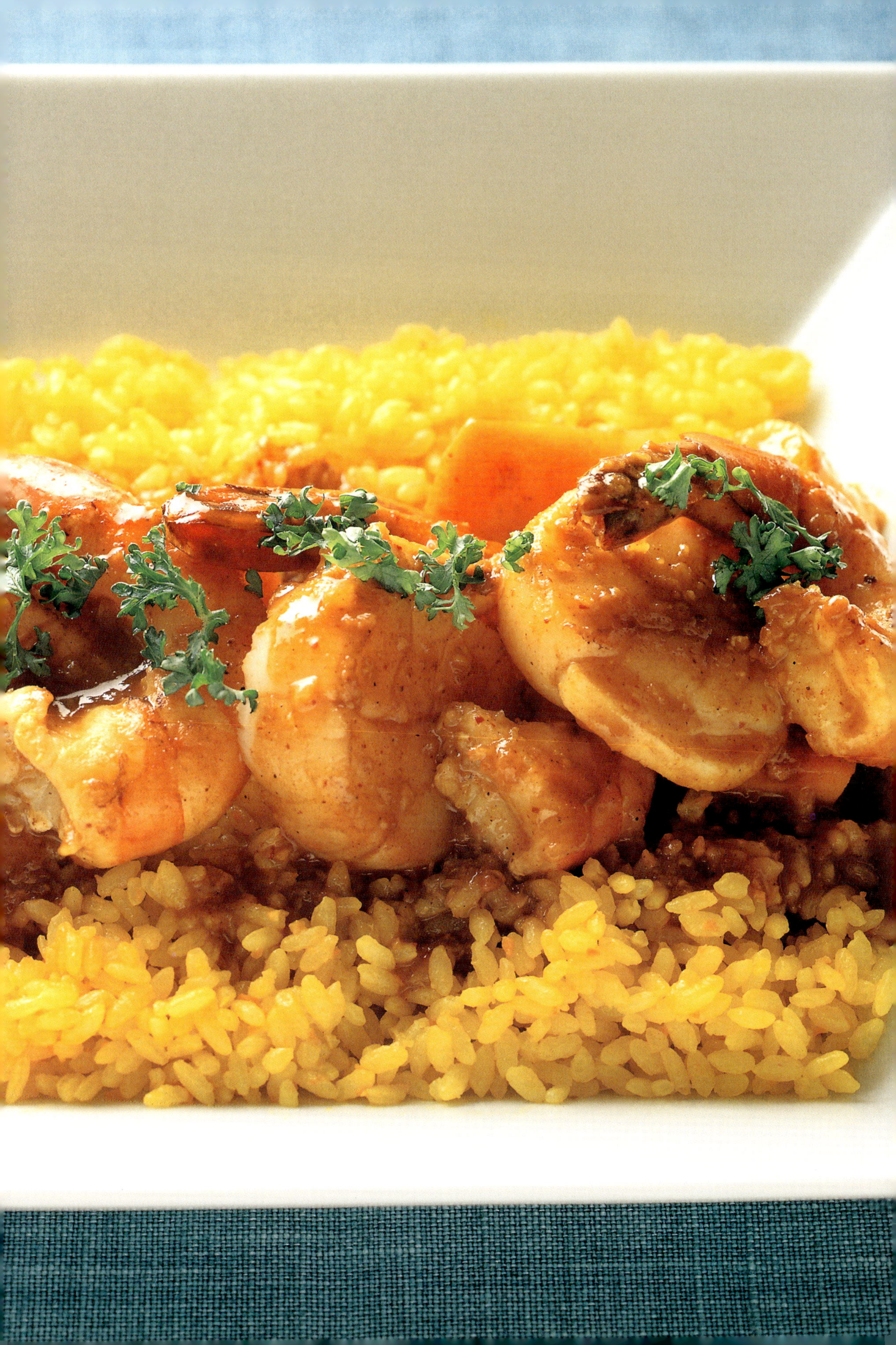

舌びらめのムニエル かぼちゃソース
Soles en papillon

かぼちゃの甘みがほんのりと。
手に入る白身魚で作って。
254kcal

mikuni's memo
魚＋野菜の最強コンビ
白身魚の良質なたんぱく質に加え、にんじん、いんげん、かぼちゃなどのβ-カロテン類やポリフェノール類がたっぷりのレシピです。舌びらめの代わりに鯛やたら、すずきなど手に入る白身魚で作ってください。生活習慣病が気になる人は、バターの代わりにオリーブ油を使って。

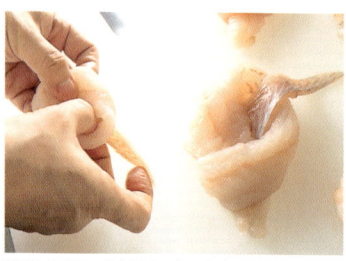

[材料（2人分）]
舌びらめの切り身…………3枚
舌びらめの下味用
　天然塩、こしょう…………各少々
小麦粉…………少々
バター…………5g
にんじん…………1/2本
さやいんげん…………14本
ソース
├ 玉ねぎのみじん切り………大さじ1
│ にんにくのみじん切り………小さじ1
│ バター…………10g
│ 白ワイン…………50ml
│ 野菜スープ（市販品でも可）
│ …………150ml
│ かぼちゃのピューレ※……大さじ5
└ 天然塩、こしょう…………各少々
※皮をむいて蒸したかぼちゃを、裏ごししたもの。

舌びらめは長い身を結んで食べやすくします。ひもを片結びする要領で一文字に結びます。

[作り方]
①ソースを作る。鍋にバターを溶かして玉ねぎとにんにくを炒め、香りを出す。白ワイン、野菜スープ、かぼちゃのピューレを加えて5〜6分煮込み、塩、こしょうで味をととのえる。
②にんじんは皮をむいて5mm角、長さ8cmの棒状に切る。いんげんは両端を切り落とす。ともに塩ゆでする。
③舌びらめは細く切り分け、皮目を内側にして一文字に結ぶ。塩、こしょうで下味をつけ、小麦粉をまぶす。
④フライパンにバターを熱し、舌びらめを入れてこんがりときつね色に焼く。
⑤仕上げに②を加えてさっと炒める。
⑥器にソースをたっぷりと敷き、舌びらめと野菜を盛りつける。

mikuni's memo

パプリカは美人にいいことばかり？

パプリカ（ジャンボピーマン）にたっぷり含まれるビタミンCは、肌荒れや疲労回復に効果があります。コラーゲンの生成を促し、メラニン色素を抑えるなど、肌の強い味方。また、マリネ液の酢は疲れをとったり、脂肪の分解を助けたり、細胞の老化を防いだりしてくれます。

3色ピーマンの うまみマリネ
Trois poivrons marinés

緑、黄、赤の色を大切にしました。
ピーマンのビタミンCが元気をくれます。
302kcal

[材料（2人分）]
ジャンボピーマン（緑、黄、赤）
　　　………各½個
マリネ液
├─ エシャロット※………小1個
│　にんにく………小1かけ
│　オリーブ油………大さじ4
│　白ワインビネガー、白ワイン
│　　　………各大さじ2
│　和風だし（市販品でも可）
│　　　………大さじ3
│　しょうゆ………大さじ1
│　赤唐辛子………1本
│　コリアンダーシード（ホール）
└─　　　………少々
イタリアンパセリ（飾り用）
　　　………少々
※エシャロットがなければ玉ねぎ20gで代用しても。

[作り方]
①ピーマンは幅1.5cmの短冊に切る。
②エシャロットは皮をむき、小口から薄切りにする。にんにくは半分に切り、芯を取る。赤唐辛子はへたを切って種を出す。コリアンダーシードは粗くつぶす。
③フライパンにマリネ液の材料とピーマンを入れて火にかけ、ピーマンがしんなりとするまで煮てそのまま冷ます。
④器に盛り、イタリアンパセリをあしらう。

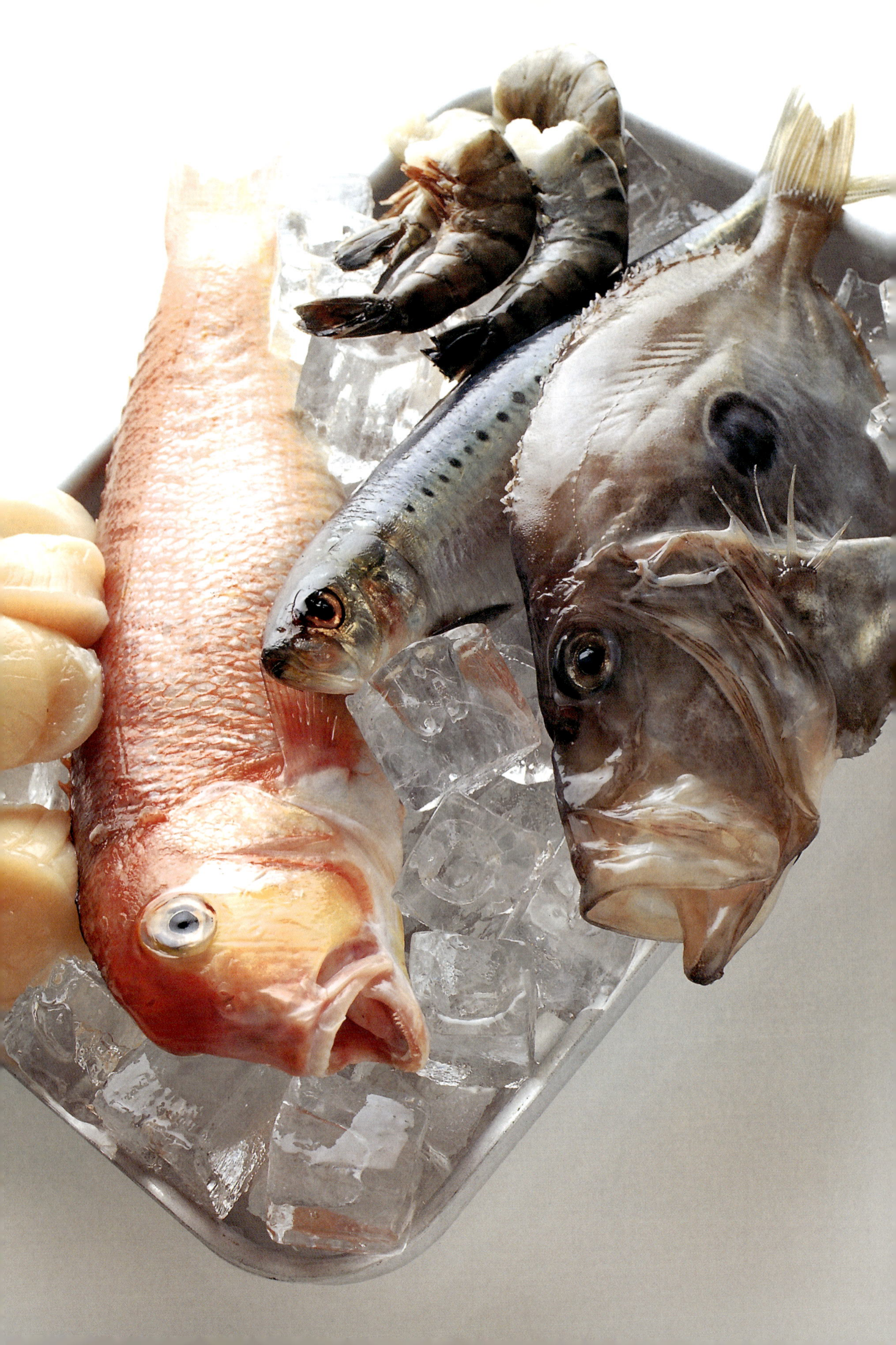

秋のおかず
Recettes d'automne

暑い夏が終わって体力も回復。おいしいものが
たくさん出回る秋は食欲も旺盛になってきます。
欲求の趣くまま食べてしまうと、気になるのは体重や体脂肪。
増えてしまってからでは
減らすのに苦労しますから、毎日、上手に食べて
健康的に生活したいですね。
さまざまな生活習慣病にならないよう、エネルギーの
とり過ぎに注意して、積極的に運動をしてください。

["きれい"を食べる④] 魚介

　低脂肪、高たんぱく。多くの魚や貝類は私たちの体にとって、とても嬉しい食材です。海に囲まれている日本では、魚介をたくさん食べる習慣がありましたが、欧米型の食生活に移行した結果、生活習慣病などの症状に悩まされるようになったという経緯があります。健康的な生活を送るためにも日々の食事に魚を登場させてください。
　たらや鯛などの白身魚はとくに低カロリーでいながら良質なたんぱく質を多く含んでいます。また、日本人がもっとも消費するまぐろ。トロの部分にはコレステロールを下げる働きのあるDHA（ドコサヘキサエン酸）やEPA（エイコサペンタエン酸）が豊富。赤身の方はコレステロールを下げるタウリンが多く含まれています。また、さばやいわし、さんまなどはDHA、EPAを多く含むのはご存じの通り。またよく口にする鮭には、アスタキサンチンというとても強力な抗酸化物質が含まれています。
　海の中にも季節があります。料理に旬を取り込むことをモットーとしているので、もちろん魚介も旬のものを選んで使います。漁師町に育ったこともあって、魚介にはとくに目がきくのです。季節季節、旬を迎えた魚を仕入れて素材の味を十分に活かすように料理を作っています。

生活習慣病を予防

好きなものを、いつでも好きなだけ食べられる現代。
それだけに、元気で生活を送っていくためには食生活を自分で
きちんとコントロールすることが大切になってきます。
これまでの食生活を見直してみましょう。いつも好きなものばかり食べていませんか。
野菜は十分とっているでしょうか。朝食はきちんととっていますか…
基本は食べ過ぎないこと、栄養のバランスのとれた食事を規則正しくとること。
決してむずかしいことではありません。

鮭のポッシェ いくらとレモン味
Saumon poché

レモンの風味でさっぱりと。
いんげん豆のかわりにじゃがいもを使ってもOK。
369kcal

[材料(2人分)]
生鮭の切り身……2切れ(140g)
蒸し汁
　野菜スープ(市販品でも可)
　　　　　………500ml
　白ワインビネガー………30ml
いくら………大さじ1
いくらの調味料
　しょうゆ、オリーブ油……各少々
レモンドレッシング
　レモン汁………大さじ2
　オリーブ油………大さじ6
　玉ねぎのみじん切り………大さじ1
　塩、こしょう………各少々
白いんげん豆の水煮(缶詰)
　………80g
赤すぐり(生または冷凍)※
　………少々
ディル(飾り用)………少々
※ラズベリーやブルーベリーでも。

[作り方]
①鍋に野菜スープ、白ワインビネガーを入れて火にかけ、沸騰したら弱火にする。鮭を入れ、身がくずれないようにしながら火を通す。
②いくらは調味料であえる。ドレッシングは混ぜ合わせる。白いんげん豆の¾量は缶詰の煮汁50mlと合わせてミキサーで撹拌してピューレ状にする。
③器にピューレを盛ってサーモンをのせ、ドレッシングをたっぷりとかける。
④いくら、残りの白いんげん豆、赤すぐりを散らし、ディルを飾る。

mikuni's memo
鮭で生活習慣病をSTOP!
材料を水分の中で火を通すことをポッシェと言います。鮭やえびに含まれるオレンジ色のアスタキサンチンは強力な抗酸化物質。その抗酸化力はなんとビタミンEの約1000倍、β-カロチンの約100倍と言われています。それだけに動脈硬化などの予防効果が期待されています。

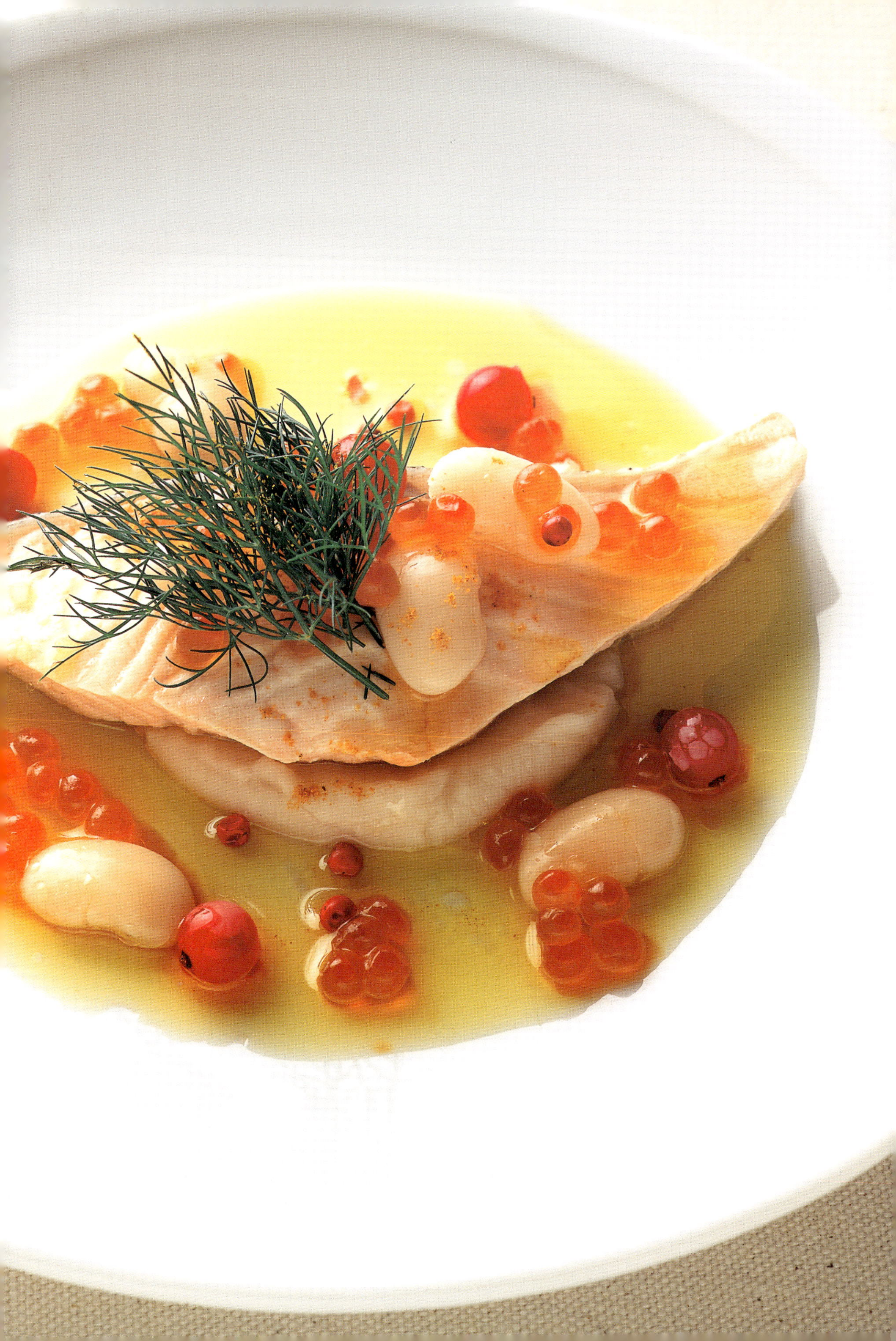

さばのおろし煮
セロリ葉のブーケ添え
Maquereau au céleri

さばになめこと
大根おろしをたっぷりプラス、
素材の自然の甘みでいただきます。
224kcal

mikuni's memo

**青魚といっしょに
とりたいお野菜**

さばには不飽和脂肪酸のDHAやEPAが多く、善玉コレステロールを上げ、悪玉コレステロールを下げる作用があります。でも酸化しやすいので、ビタミンA、C、Eなどの抗酸化ビタミンを含む野菜といっしょにとると、より一層効果的です。なめこのムチンは、余分なコレステロールを吸着して排泄を促してくれます。

[材料（2人分）]
真さばの切り身
　…………2切れ（160g）
なめこ…………½パック
春菊…………2枝
煮汁
　┌野菜スープ（市販品でも可）
　│　…………160ml
　│魚スープ（市販品、水でも可）
　│　…………160ml
　│酒…………大さじ3
　│バルサミコ酢…………大さじ1
　└しょうゆ…………大さじ2
大根おろし（かるく水けをきって）
　…………大さじ6
万能ねぎ、青ゆずの皮…………各少々
一味唐辛子…………少々
飾り用のブーケ（まとめてひもで縛る）
　┌セロリの葉、イタリアンパセリ、
　└ローズマリー…………各適宜

[作り方]
①春菊は長さ1.5cmに切る。万能ねぎは斜めに長く切る。青ゆずは皮をせん切りにする。
②鍋に煮汁の材料を合わせて沸かし、さばを皮目を下にして入れる。
③皮の方に火が通ったら裏に返し、なめこを加えてふたをし、さばに火を通す。
④春菊を加えて煮汁にからめ、大根おろしを加えて混ぜ、器に盛る。
⑤万能ねぎ、青ゆずの皮、一味唐辛子を散らし、ブーケを飾る。

クレソンと海藻のサラダ寒天ドレッシング
Salade de cresson aux algues

寒天のグリーンが涼しげ。
クレソンの苦味が食欲をそそります。
19kcal

[材料（2人分）]
- クレソン……………½束（10g）
- サラダ用海藻（トサカノリなど塩蔵）
  赤、白、緑など合わせて…………40g
- わかめ（塩蔵）…………15g
- マッシュルーム…………2個
- ちりめんじゃこ…………大さじ2
- レモン汁…………大さじ1
- クレソンの寒天寄せ
  - クレソン…………1束
  - 粉寒天…………1g
- 粗挽き黒こしょう…………少々

[作り方]
① クレソンの寒天寄せを作る。クレソンはさっと塩ゆでし、ゆで汁100mlと合わせてミキサーでピューレ状にする。鍋にもどし、粉寒天を混ぜて火にかけ、沸騰してから1分ほど煮る。バットに流し、冷蔵庫で冷やし固めて1.5cm角に切る。
② サラダ用海藻とわかめは流水で洗い、水に浸して塩抜きしてから、水けをきって食べやすく切る。
③ ちりめんじゃこは弱火にかけ、カリッとして香りが立つまでからいりする。
④ クレソンは水につけてシャキッとさせ、水けをきって葉を摘む。
⑤ マッシュルームは、笠は薄い輪切り、軸は薄切りにする。
⑥ ボウルにクレソン、ちりめんじゃこ、マッシュルーム、クレソンの寒天寄せ、レモン汁を入れ、混ぜ合わせる。
⑦ 器に②を敷いたところに⑥を盛り、こしょうをふる。

mikuni's memo

クレソンで紫外線対策

クレソンに含まれるβ-カロチン、ビタミンCには、紫外線からお肌を守ってくれる働きがあります。また海藻、きのこ、野菜類の食物繊維は、血圧、血糖値、中性脂肪値の改善に役立ってくれます。塩分を控えている人、コレステロールが気になる人は、ちりめんじゃこを除いて。

いわし大根
Sardine à la compote

しみじみとおいしさを感じる、あっさり煮物です。
カレー粉をふって味のアクセントにします。
181kcal

[材料(2人分)]
いわし………… 1尾(正味100g)
大根(輪切り)………… 1/4本
大根の煮汁
　┌ 米のとぎ汁、チキンスープ(市販品で
　│ も可)………… 各適宜
　└ 天然塩………… 少々
ローズマリー………… 2枝
水溶きコーンスターチ※………… 適宜
香草サラダ(あえる)
　┌ セロリの葉、ローズマリー、パセリ、
　│ 青じその葉、イタリアンパセリ
　│ ………… 各少々
　│ しょうゆ、バルサミコ酢、オリーブ油
　└ ………… 各少々
カレー粉………… 少々
※コーンスターチを倍量の水で溶かしたもの。片栗粉で代用しても。

[作り方]
① 大根は厚みを2等分し、皮をむいて面取りする。鍋に大根を入れて米のとぎ汁をひたひたになるまで注ぎ、下ゆでする。
② 大根を別の鍋に入れ、①のゆで汁とチキンスープを同量ずつ合わせた煮汁をひたひたに入れて、大根が柔らかくなるまで煮含めてかるく天然塩を加える。
③ いわしはうろこを取って3枚におろし、さらに斜めに半分に切る。
④ ②にいわしとローズマリーを入れ、弱火でいわしに火を通す。
⑤ 器に大根を盛っていわしをのせる。煮汁120mlを火にかけ、水溶きコーンスターチでとろみをつけ、かける。
⑥ 香草サラダを盛り、カレー粉をふる。

いわしの3枚おろし

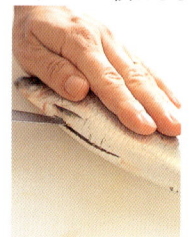

① 腹の部分に包丁を入れます。
② 包丁の先で腹わたをかき出します。 
③ 胸びれの下の部分に包丁を入れて、中骨まで切り込みを入れます。 
④ 包丁をねかせて入れ、中骨に沿って尾まで移動し、身をはずします。 
⑤ 反対側も同様にして、身と中骨を切り離します。 
⑥ 3枚おろしのでき上がり。腹骨をそぎ取ってきれいにします。

---

mikuni's memo

いわしで骨を丈夫に

いわしなど骨ごと食べられる魚は、カルシウムを豊富にとることができ、しかも、カルシウムの吸収を助けるビタミンDも含まれていますので、骨粗しょう症の予防に最適です。また、体のさびを取り除く酵素、つまり坑酸化酵素の構成成分になっているセレンや不飽和脂肪酸のEPA、DHAも豊富です。

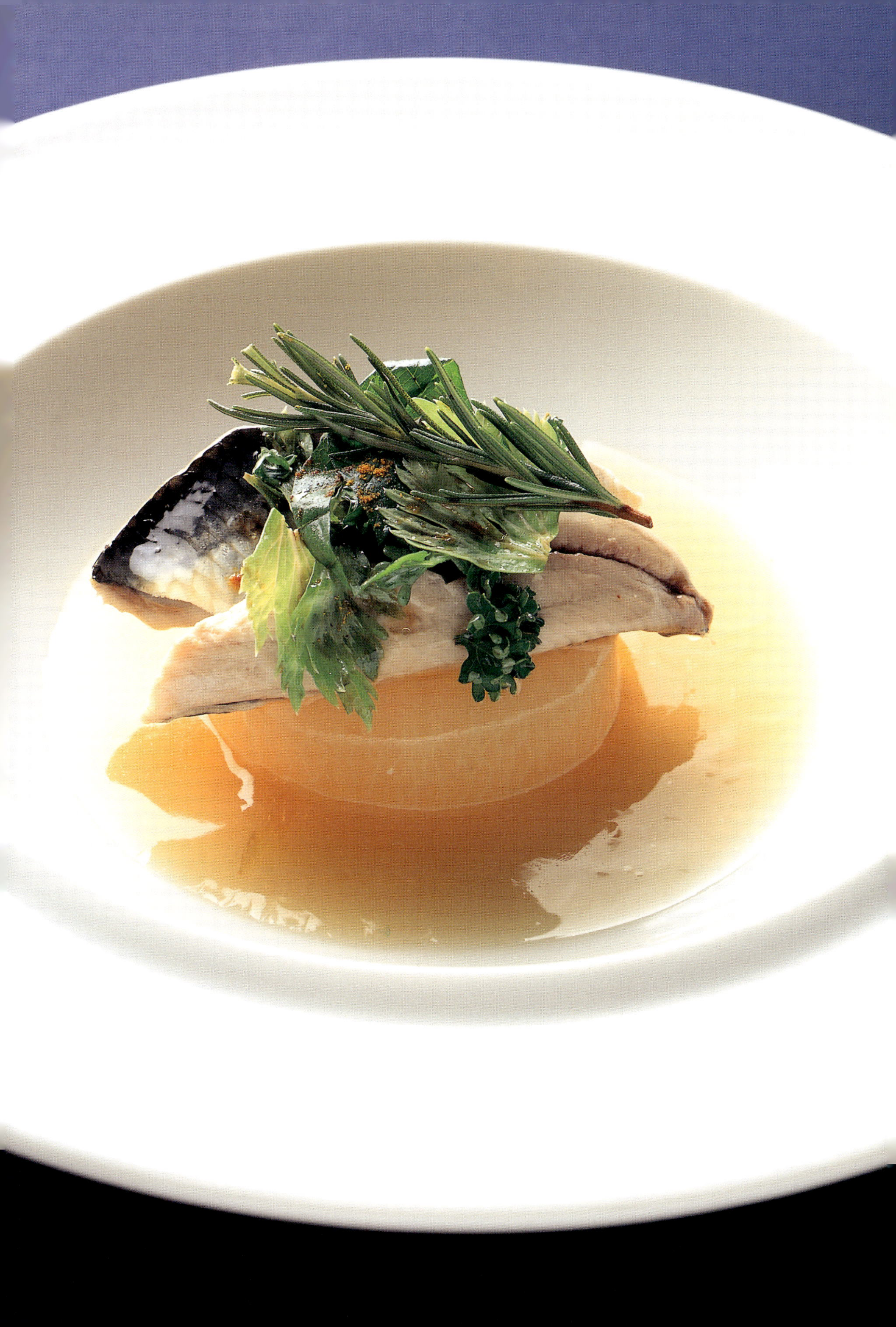

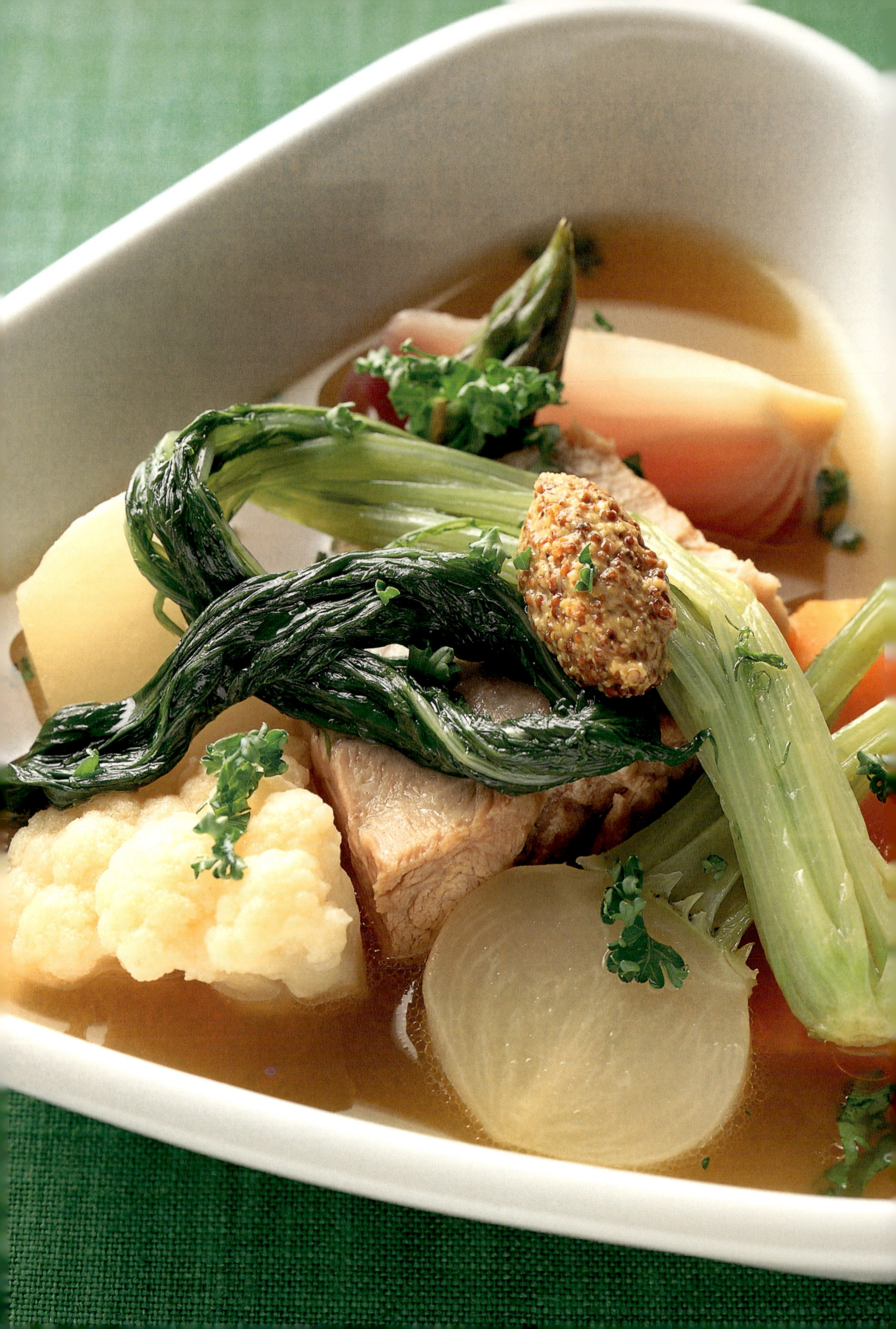

血液を元気に

血液は体中に栄養素や酸素を送り込む大切な働きをしています。
不足すると疲れやすくなり、食欲もなくなり、元気がなくなってしまいます。
鉄をはじめとしたミネラルはビタミン同様、健康維持に欠かせません。
元気に毎日を送るためにも、ミネラルをバランスよくとることが大切です。
とくに女性に不足しがちな鉄。積極的に食事にとり入れていきましょう。
ポイントはビタミンCといっしょにとること。鉄の吸収を高めてくれるからです。

ポトフ ア・ラ・ミクニ
Pot-au-feu "Mikuni"

野菜のやさしい味がスープに凝縮された、
体も心も温まる一品です。
261kcal

[材料(2人分)]
豚肩ロース肉(塊)…………160g
豚肉の下味用
　　天然塩、こしょう…………各適宜
香味野菜
　┌ 玉ねぎ(乱切り)…………½個
　│ セロリ(乱切り)…………1本
　│ にんにく…………½かけ
　│ ローリエ…………1枚
　│ ブーケガルニ(ひもで縛る)
　└　　パセリ、セロリの葉………各適宜
白ワイン…………1カップ
チキンスープ(市販品でも可)
　…………3カップ
紫玉ねぎ(くし形)…………⅓個
にんじん…………½本
大根…………3cm分
かぶ…………1個
カリフラワー…………2房(50g)
水菜…………小2株
グリーンアスパラガス…………2本
粒マスタード、パセリのみじん切り、塩
　…………各適宜

[作り方]
①豚肉はたこ糸で縛って形を整え、全面に塩、こしょうをふる。
②鍋に豚肉、香味野菜、白ワイン、チキンスープを入れて火にかける。煮立ったらアクをすくって火を弱め、肉が柔らかくなるまで2〜3時間煮る。
③紫玉ねぎは半分に切る。にんじんと大根は皮をむき、半分に切る。かぶは葉だけを落とし、皮をむいて縦半分に切る。アスパラガスは皮をピーラーでむく。
④出来上がり1時間前に紫玉ねぎ、にんじん、大根、かぶを加えて煮込む。
⑤出来上がり10分前にカリフラワー、アスパラガス、5分前に水菜を加えて煮る。
⑥豚肉を取り出して半分に切り、器に盛って野菜を彩りよく盛る。中央に粒マスタードとパセリをあしらい、煮汁をたっぷりと注ぐ。好みで塩をふりながら食べる。

mikuni's memo

野菜で血液を元気に

玉ねぎ、にんにくに含まれる抗酸化作用の高いアリシンは、動脈硬化を予防する効果があります。また、野菜のビタミンCは血管壁を強化、ビタミンEは血液の循環を良くし、ビタミンB群、銅、葉酸などは、血色素を増やす効果があります。

鶏肉とレバー
ア・ラ・ジャポネーズ
Poulet à la japonaise

山椒、しょうが、にんにくがアクセント。
レバーが苦手な人もおいしく食べられます。
439kcal

[材料（2人分）]
鶏もも肉（皮なし）‥‥‥‥‥160g
鶏レバー‥‥‥‥‥‥100g
鶏肉とレバーの下味用
　塩、こしょう、牛乳‥‥‥‥各適宜
ねぎ（青い部分も）‥‥‥‥‥1/2本
実山椒‥‥‥‥‥10粒
玉ねぎのみじん切り‥‥‥‥‥大さじ1
しょうがのみじん切り‥‥‥‥‥小さじ1
にんにくのみじん切り‥‥‥‥‥小さじ1/2
オリーブ油‥‥‥‥‥‥大さじ2
白ワイン‥‥‥‥‥‥60ml
チキンスープ、ビーフスープ
（市販品でも可）‥‥‥‥‥各60ml
しょうゆ‥‥‥‥‥‥小さじ2
粗挽き黒こしょう‥‥‥‥‥‥少々
飾り用のブーケ
（半量ずつまとめてひもで縛る）
　┌ セロリの葉、ローズマリー、タイム、
　└ イタリアンパセリ‥‥‥‥‥各適宜

[作り方]
① 鶏肉は3cm四方に切り、かるく塩、こしょうする。鶏レバーは牛乳に漬けて臭みを抜き、水けを拭く。鶏肉と同様に切って塩、こしょうする。
② ねぎは幅1cmの小口切りにし、塩ゆでする。実山椒は包丁の背でつぶす。
③ フライパンにオリーブ油を熱し、レバーの表面を焼きつけて取り出す。続いて鶏肉を入れ、同様に焼いて取り出す。
④ 続いて玉ねぎ、しょうが、にんにく、半量の山椒を加えて炒め、香りが立ったら白ワイン、チキンスープ、ビーフスープ、しょうゆを入れてスープが1/5量になるまで煮詰める。
⑤ 鶏肉とレバーを戻し、ソースをからめながら弱火でじっくりと火を通す。
⑥ ねぎと残りの山椒を加えてからめ、器に小高く盛りつけてブーケを飾り、黒こしょうをふる。

レバーはあらかじめ牛乳に30分ほど浸しておくと、特有の臭みが抜けて食べやすくなります。

mikuni's memo

レバーは女性の強い味方

レバーは鉄、セレン、亜鉛など抗酸化に関わるミネラルをたっぷり含んだ、女性にはうれしい食材。しかも消化がよく、美肌にきくビタミンAや、脂質が代謝されるときに必要なビタミンB2も豊富です。この料理では食べやすくて使いやすい、鶏のレバーを使いました。炒め物は、黒こしょうなどの香辛料や、セロリの葉などの香味野菜を加えると、塩分少なめでもおいしく仕上がります。

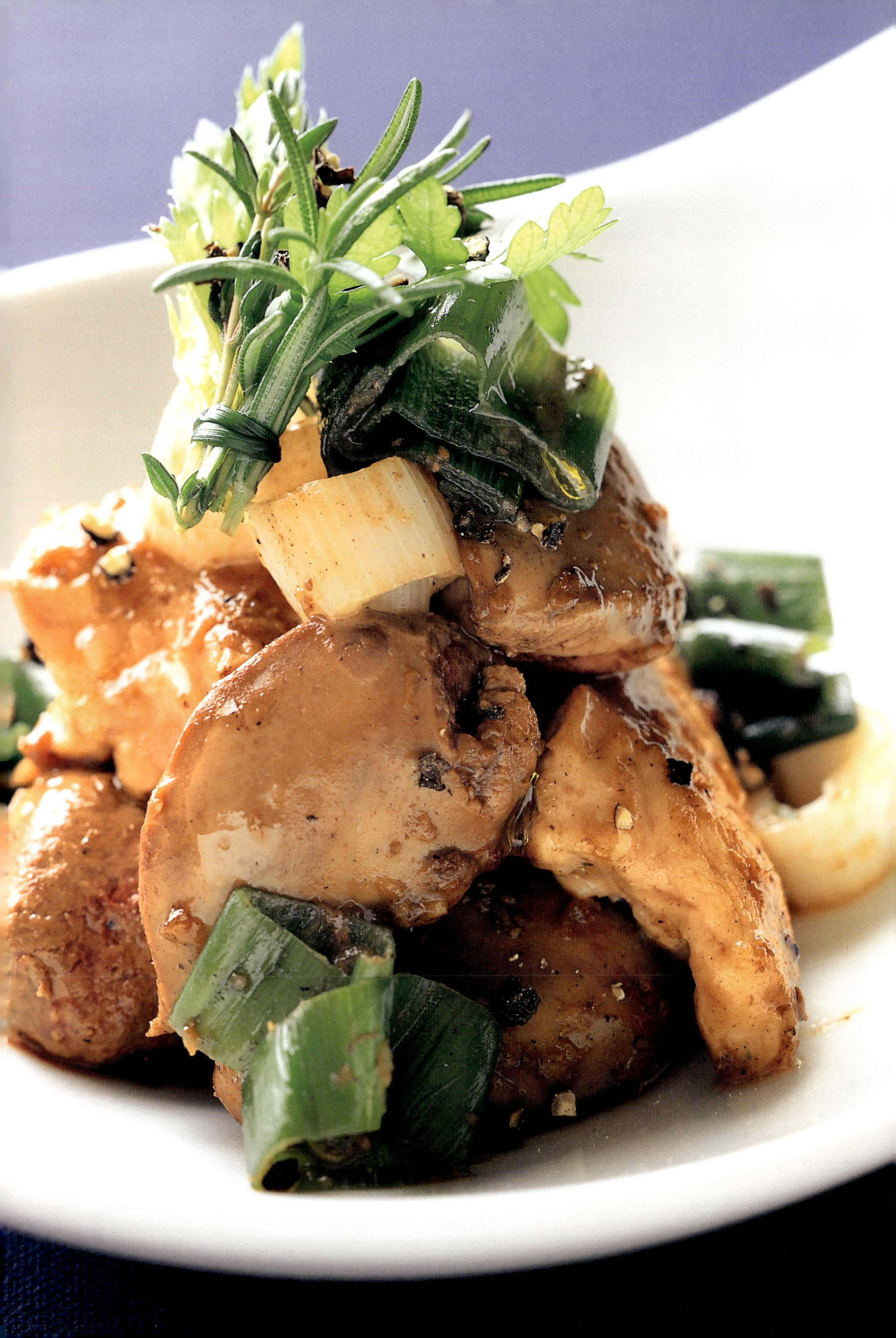

牛肉の
和風シャリアピンステーキ
Bœuf en Chaliapin

にんにく、しょうがのきいた
大根おろしのソースでさっぱりと。
200kcal

[材料（2人分）]
牛ヒレ肉（ステーキ用）
…………2枚（140g）
牛肉の下味用
　天然塩、粗挽き黒こしょう
　　………各少々
オリーブ油…………小さじ1
バター…………10g
おろしソース
A ┌ にんにくのみじん切り………小さじ1
　│ 玉ねぎのみじん切り………大さじ2
　│ しょうがのみじん切り………小さじ1
　│ 大根おろし…………80g
　└ 玉ねぎのすりおろし…………80g
　天然塩、こしょう…………各少々
　パセリの粗みじん切り…………少々
クレソン（葉を摘んで）
………6本（30g）
ブロッコリー………⅓株（60g）
さやいんげん…………6本

[作り方]
①牛肉は厚さ1cmにたたき、塩、こしょうする。
②クレソンは冷水にさらしてシャキッとさせ、水けをきる。ブロッコリーとさやいんげんは小さめの一口大に切り、塩ゆでする。
③フライパンにオリーブ油とバター5gを熱し、牛肉を入れて表面をしっかりと焼きつけ、取り出す。
④同じフライパンにAを入れ、香りが立つように水分をとばしながら炒め、塩、こしょうで味をととのえ、仕上げにバター5g、パセリを加えてソースを作る。
⑤器に直径10cmのセルクル※を置き、その中に②を盛り込む。
⑥焼き上がった牛肉をのせ、おろしソースを盛る。
※側面の枠だけで底のない円形の焼き型のこと。なければ使わなくても。

mikuni's memo

牛肉は鉄分の宝庫

牛肉は肉類の中で鉄分をもっとも多く含んでいます。元気な血液は細胞のすみずみまで栄養素や酸素を供給し、疲れをとってくれるもの。また、良質のたんぱく質は、体力の維持や疲労回復にも役立ってくれます。鉄は大根、クレソン、ブロッコリーに含まれるビタミンCと一緒にとると吸収がよくなります。

雑穀米のサラダ
Variété de riz sauvage en salade

**雑穀米を主食としてではなく、
サラダの「野菜」として使ってみました。**
247kcal

[材料(2人分)]
雑穀ご飯…………200g
切り干し大根(乾燥)…………5g
ひじき(乾燥)…………小さじ1
わかめ(塩蔵)…………10g
万能ねぎの小口切り…………少々
ベビーリーフ(ミックス)…………適宜
梅肉ソース(混ぜ合わせる)
　┌ 梅肉…………大さじ2
　│ 和風だし(市販品でも可)
　└ …………大さじ2

[作り方]
①切り干し大根とひじきはそれぞれ水につけてもどす。さっとゆで、食べやすく切る。
②わかめは流水で洗い、水に浸して塩抜きし、水けをきって一口大に切る。
③ボウルに雑穀ご飯、切り干し大根、ひじき、わかめ、万能ねぎを合わせ、梅肉ソースの1/2量であえる。
④器にベビーリーフを敷いて③を盛り、残りのソースをベビーリーフにかける。

mikuni's memo

ひじきはミネラルの宝庫

ひじきや切り干し大根には、鉄、カルシウムや、カルシウムの吸収を助けるマグネシウムが含まれています。ひじき、切り干し大根、雑穀などかみごたえのある食材を使うことによって、あごや歯を丈夫にし、食べ過ぎを防いでくれます。カロリーが気になる人は雑穀米の量を減らして。

からだの中を
きれいにする

「デトックス」という言葉、最近耳にするようになりましたね。
体の毒素を出すこと。そう、私たちは知らず知らずのうちに
有害物質を体の中に取り入れてしまっているのです。
空気や土から検出されるダイオキシンなどの有害物質や、
水銀や鉛などの有害金属など。
これらを排出するための健康法がデトックスなのです。
体を作る素になる食べものですから、できれば体にいいものを、
そして体をきれいにしてくれるものを選びたいですね。

豚となすと豆の煮込み
Porc façon cassoulet à la menthe

野菜をたっぷり使って。
豆板醤でつけた辛みが味のポイント。
319kcal

[材料（2人分）]
豚肩ロース肉（塊）‥‥‥‥‥160g
豚肉の下味用
　　天然塩、こしょう‥‥‥‥各少々
小麦粉‥‥‥‥‥適宜
玉ねぎ‥‥‥‥‥¼個
なす‥‥‥‥‥½本
ジャンボピーマン（緑）‥‥‥‥½個
トマト‥‥‥‥‥½個
白いんげん豆の水煮（缶詰）
‥‥‥‥‥30g
オリーブ油‥‥‥‥‥大さじ1
合わせ調味料
　┌ チキンスープ（市販品でも可）
　│　‥‥‥‥‥100ml
　│ にんにくのみじん切り‥‥‥‥小さじ1
　│ しょうゆ‥‥‥‥‥小さじ1
　│ 豆板醤‥‥‥‥‥小さじ2
　│ 酒‥‥‥‥‥大さじ2
　└ 水溶きコーンスターチ※‥‥‥‥適宜
ペパーミント‥‥‥‥‥6枝分
※コーンスターチを倍量の水で溶かし
たもの。片栗粉で代用しても。

[作り方]
①豚肉は2cm角に切り、塩、こしょうする。
②玉ねぎは一口大の乱切りに、なすとトマトは1.5cm角に切る。ピーマンは1.5cm四方に切る。
③鍋にコーンスターチ以外の合わせ調味料の材料を入れ、沸騰させてから水溶きコーンスターチでとろみをつける。
④フライパンにオリーブ油を熱し、豚肉に小麦粉をまぶして入れ、焼きつける。
⑤玉ねぎ、なす、いんげん豆、トマトを加えて炒める。
⑥ピーマンを加えて炒め、③を加えて水分を飛ばすように炒める。
⑦器に盛り、ミントを散らす。

mikuni's memo
おいしく食べてデトックス

野菜の食物繊維、豚肉などに含まれるセレン、亜鉛、アミノ酸、玉ねぎのケルセチンなどには、有害物質を体外に出す作用があります。また、にんにく、豆板醤など発汗作用のある食材には、汗とともに有害物質を体外へ出す効果があります。

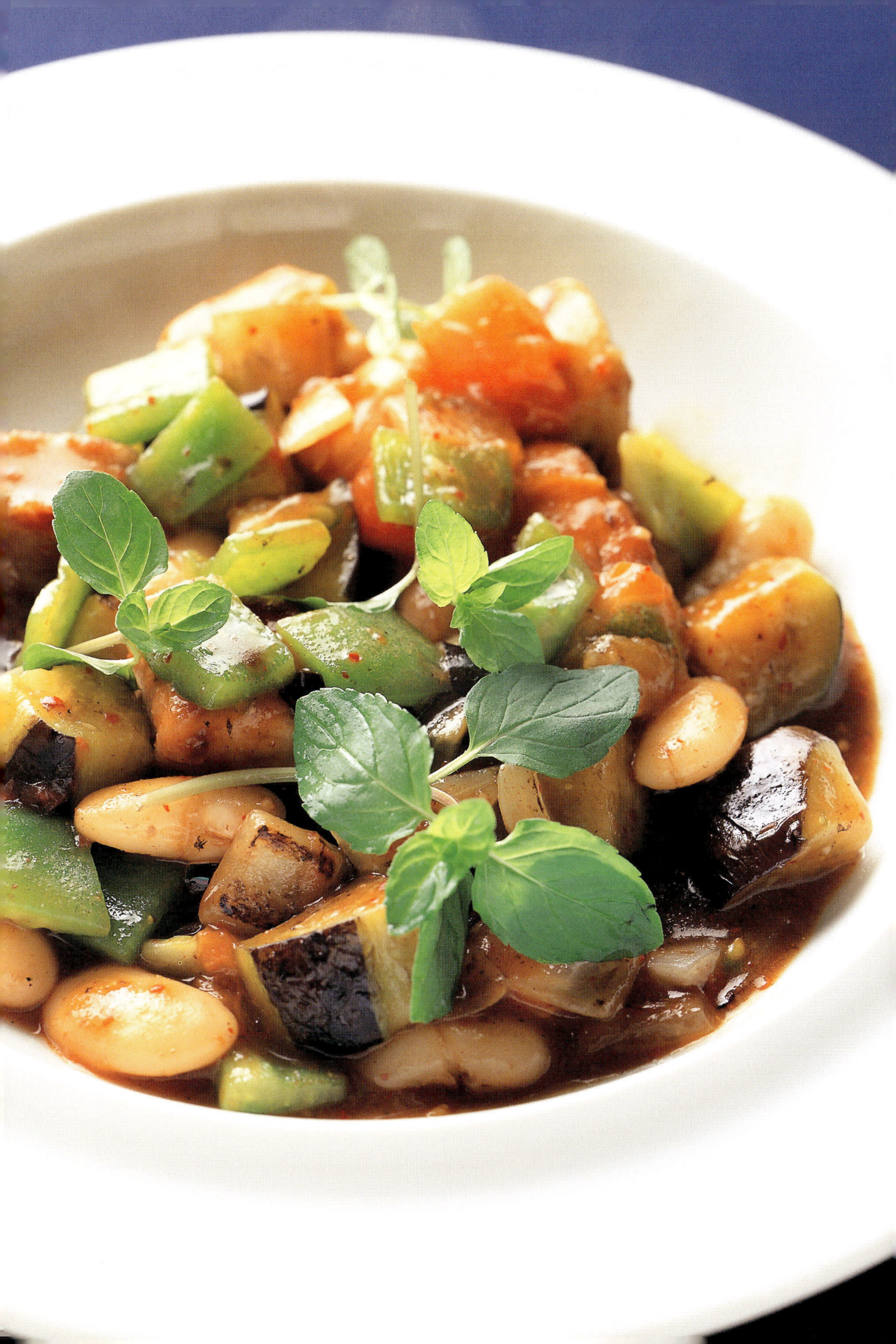

いろいろ
きのこのマリネ
Champignons marinés

はちみつでやわらかい風味に。
酸味がほしいときは
レモン汁を加えて。
194kcal

[材料(2人分)]
白しめじ…………½パック
しめじ…………½パック
マッシュルーム…………2個
生しいたけ…………2個
まいたけ…………40g
エリンギ…………小2本
赤唐辛子(種を出して)…………½本
にんにく…………1かけ
ローリエ…………1枚
レモンの輪切り…………2枚
オリーブ油…………大さじ3
A ┌ 白ワイン…………1カップ
  │ レモン汁…………大さじ1
  │ はちみつ…………大さじ1
  │ 野菜スープ(市販品でも可)
  └ …………2カップ
レタスの細切り…………適宜
パセリの粗みじん切り…………少々
クコの実…………2粒

[作り方]
①白しめじ、しめじ、まいたけは石づきを切って大まかにほぐす。マッシュルーム、生しいたけ、エリンギは石づきを切る。
②フライパンにオリーブ油、赤唐辛子、にんにく、ローリエを入れ、弱火にかけて香りが出るまでゆっくりと炒める。
③きのことレモンを加えて混ぜ、Aを加えて煮る。ひと煮立ちしたらそのまま冷まし、粗熱がとれたら冷蔵庫で冷やす。
④器にレタスを敷いて③のマリネを盛り、湯につけてもどしたクコの実とパセリをあしらう。好みで天然塩をふりかける。

mikuni's memo

きのこは低カロリー食品の代表

きのこ類はビタミン、ミネラル、食物繊維が豊富。カロリーが低いうえに便秘解消効果もあるので、ダイエットにはぴったり。いくつかの種類を使うことによって、香りや味が深くなり、いろいろな歯ごたえが楽しめます。

[材料(2人分)]
豚ロース肉(塊)..........200g
豚肉の下味用
　天然塩、こしょう..........各少々
小麦粉..........少々
しめじ、エリンギ、生しいたけ(小さいもの)を合わせて..........160g
しし唐辛子..........6本
にんにく..........1かけ
バター..........20g
煮汁
├ 和風だし(市販品でも可)
│　..........140ml
│ ビーフスープ(市販品でも可)
│　..........120ml
└ しょうゆ..........大さじ1
水溶きコーンスターチ※..........少々
ごまご飯(混ぜ合わせる)
├ 温かいご飯..........320g
│ いりごま(白、黒)..........各少々
│ 万能ねぎの小口切り..........少々
└ 黒酢..........小さじ1
香草サラダ(混ぜ合わせる)
├ 香草(大葉、ローズマリー、イタリアンパセリなど)..........適宜
└ オリーブ油、しょうゆ..........各少々
いりごま(仕上げ用)..........各少々
※コーンスターチを倍量の水で溶かしたもの。片栗粉で代用しても。

[作り方]
①豚肉は1.5cm角に切り、塩、こしょうする。
②しめじは石づきを切ってほぐす。エリンギは食べやすい長さに切り、厚さ5mmに切る。生しいたけは石づきを切り、軸に十文字の切り込みを入れる。
③しし唐は破裂しないように包丁で切り目を入れる。にんにくは縦半分に切って芯を取り、薄切りにする。
④フライパンにバターを熱し、豚肉に小麦粉をまぶして表面を焼きつける。
⑤きのこ、しし唐、にんにくを加え、にんにくの香りが立つまで炒める。
⑥煮汁の材料を加え、煮汁が⅓量になるまで煮つめる。
⑦ごまご飯をお玉に詰めて器に丸く盛り、⑥の具を盛りつける。残った煮汁はかるく煮立て、水溶きコーンスターチでとろみをつけ、上からかける。
⑧香草サラダを飾り、ごまをふる。

豚ときのこの健康どんぶり
"Domburi" santé

ごまを加えて香りよく仕上げました。
バターのかわりにオリーブオイルを使っても。
600kcal

mikuni's memo

解毒して体内をきれいに

豚肉やごまのセレン、きのこの食物繊維、ねぎのアリシン、黒酢のクエン酸などには、体内に蓄積した有害物質を排出する働きがあります。生活習慣病が気になる人はバターをオリーブオイルにして。また、だしを濃くとると塩分を控えてもおいしく食べられます。

冬のおかず
Recettes d'hiver

気温が下がり、空気が乾燥する冬。
体が冷えたり、風邪をひいたり、
女性の場合は肌のカサカサや肌あれなども
気になる季節です。
まずは血行をよくすること。
それにはバランスのいい食事がいちばん。
できれば体を温める
効果のある食材、たとえばにんにくや
しょうが、唐辛子、玉ねぎ、納豆や、
鉄分を多く含む牛肉やひじき、ほうれん草などを
積極的にとることが有効です。
体温が1度上昇すると免疫力は
約6倍になると言われています。
冷えが解消されれば、全身に
元気な血液がいきわたり、風邪に対抗できる
免疫力がつき、また、顔色やつやがよくなって、
肌の状態もよくなるものです。

[“きれい”を食べる⑤] ビネガー

　フランス料理を作っているので、酢は白ワインビネガー、料理によっては赤ワインビネガーを使います。酢の酸味を生かした味をつくるとき、肉や魚をマリネして下味をつけるとき、魚や野菜のマリネを作るときなど。最近はイタリアのバルサミコ酢をよく使うようになりました。これはワインビネガーと同様、ぶどうが原料。ぶどう果汁にワインを加えゆっくり発酵させたものです。12年ものなど、長い時間熟成させたものもあります。独特のコクと凝縮した旨みがわれわれ日本人にぴったりだと思います。しょうゆと混ぜてソースにしたり、ドレッシングにしたり、オリーブ油と混ぜてコクのあるマリネ液にしたり。料理のバリエーションがグッと広がりました。

　酸味は料理の味をひきしめてくれるので、塩を控えてもしっかりした味に仕上がり、塩分が控えられます。バルサミコ酢はさらにコクが加わるので塩を控えても深い味わいを楽しむことができます。18ページでご紹介した炒り鶏にも、かくし味でバルサミコ酢を入れました。酸味を感じるほどの量ではありませんが、確実に味が深まります。イタリアの調味料だから、イタリア料理に、というような固定概念にとらわれずに使い回すことが、料理の幅を広げてくれます。

　さらに酢は代謝を助ける働きがあります。たんぱく質や糖質、脂質を代謝するときは酢が必要なのです。無駄なく、効率よく栄養素を体にとり入れるためにも、酢は欠かせない調味料だといえそうです。

免疫力をつける

免疫力の低下は体調不良になって、いろいろな病気の原因になります。
寒い冬、風邪やインフルエンザから体を守るためには、
免疫力をアップさせることが大切です。免疫力さえあれば、少々の
トラブルも体が自然に退治してくれるものです。
良質なたんぱく質をとる、そしてA、B群、C、Eなどのビタミン類や
亜鉛、セレン、マンガンなどのミネラルをとりましょう。要するに栄養にかたよりのない、
バランスのとれた食事をすることがもっとも近道といえそうです。

黒酢豚 3色ピーマンあえ
"Subuta"

黒酢を使った風味豊かな一品。
豚をヒレ肉にすればカロリーダウンになります。
551kcal

[材料（2人分）]
豚肩ロース肉（塊）..........200g
豚肉の下味用
　天然塩、こしょう..........各少々
　片栗粉..........適宜
ジャンボピーマン（緑、黄、赤）
..........各½個
にんじん..........3cm分（20g）
玉ねぎ..........⅙個
香菜..........2枝
揚げ油..........適宜
香味野菜
　玉ねぎ、しょうがのみじん切り
　..........各大さじ1
　にんにくのみじん切り
　..........小さじ1
オリーブ油..........小さじ1
砂糖..........大さじ1
黒酢..........50ml
トマトケチャップ..........大さじ1
コリアンダーシード（ホール）
..........少々

[作り方]
①豚肉は2.5cm角に切り、塩、こしょうして片栗粉をまぶす。
②ピーマンは縦に太めの短冊に切る。玉ねぎはピーマンと大きさをそろえてくし形に切り、ほぐす。にんじんは皮をむき、厚さ1mmのいちょう切りにする。
③揚げ油を160度に熱し、豚肉、②の野菜をそれぞれ油通しする。
④続いて香菜の半量を素揚げする。残りの香菜は粗く刻む。
⑤フライパンにオリーブ油を熱し、香味野菜、砂糖を入れて炒める。黒酢、トマトケチャップを加える。※
⑥豚肉、油通しした野菜を加えて、水分をとばしながら煮詰める。
⑦皿に盛りつけ、生と素揚げした香菜をのせ、粗くつぶしたコリアンダーシードをふる。

※好みでみりん小さじ1、しょうゆ小さじ2を加えると、おかずっぽい味になる。

mikuni's memo
ピーマンのビタミンC
大ぶりの赤ピーマンなどにはレモン1個分に相当するほどビタミンCが多く含まれています。野菜に含まれるビタミン類、カロテン類、ポリフェノール類、ミネラル類が免疫力をアップ。また、たんぱく質が不足すると、免疫力が低下しやすくなります。

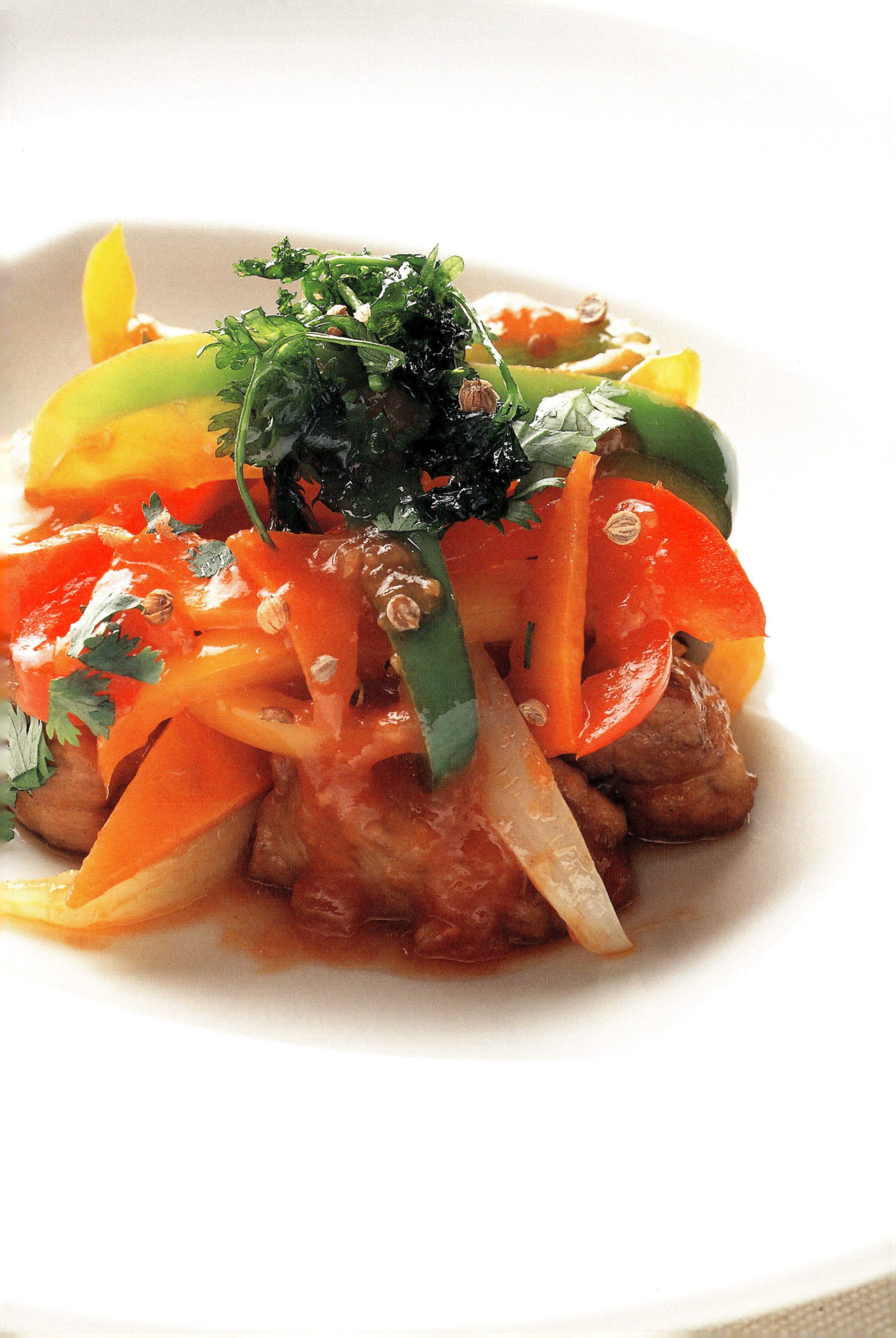

にんじんとかぼちゃのポタージュ
Potage au potiron

濃厚な食べるスープです。
夕食はもちろん朝食にいただくと、
一日の元気が出てきそう。
109kcal

[材料(2人分)]
にんじん…………小1本
かぼちゃ…………150g
玉ねぎ…………1/4個
野菜スープ(市販品でも可)
…………100ml
牛乳…………100ml
イタリアンパセリ(飾り用)………少々
天然塩、こしょう…………各少々

[作り方]
①にんじん、かぼちゃは皮をむいて厚さ3mmに切る。玉ねぎは幅1cmのくし形に切る。
②すべてを合わせて柔らかくなるまで塩ゆでし、ざるにあける。飾り用に少量ずつとっておく。
③ミキサーで撹拌してピューレにし、野菜スープ、牛乳を合わせて温め、塩、こしょうで味をととのえる。
④スープを器に注ぎ、飾り用のにんじん、かぼちゃ、玉ねぎを浮かせ、イタリアンパセリを飾る。

mikuni's memo

β-カロテンたっぷりで風邪予防

とにかくβ-カロテン、ビタミンEなどのビタミン類が無理なくとれるレシピです。にんじん、かぼちゃなどの緑黄色野菜に含まれているβ-カロテンには、粘膜を強くする効果があるので、風邪の予防や乾燥肌対策にもおすすめ。カロリーが気になる人は、低脂肪牛乳で。

[材料（2人分）]
牛もも肉(塊)…………140g
牛肉の下味用
　塩、黒こしょう…………各少々
にんじん…………大½本
エリンギ…………大2本
トマト…………½個
きゅうり…………⅓本
白菜…………中½枚
玉ねぎのみじん切り…………大さじ1
にんにくのみじん切り………小さじ½
バター…………10g
小麦粉…………大さじ2
パプリカ…………小さじ1
ブランデー…………大さじ2
トマトジュース(無塩)…………200ml
ビーフスープ(市販品でも可)
…………200ml
低脂肪生クリーム…………100ml

[作り方]
①牛もも肉は1cm角、長さ5cmに切り、塩、黒こしょうをふる。
②にんじんは皮をむいて1cm角、長さ5cmに切り、塩ゆでする。エリンギは縦4等分に切る。トマトはくし形に切る。きゅうりは1cm角、長さ5cmに切る。白菜は幅1cm、長さ5cmの短冊に切る。
③フライパンにバター、玉ねぎ、にんにくを入れて火にかけ、香りが立ったら牛肉を加え、全体に焼き色をつける。
④小麦粉、パプリカを加えて炒め、ブランデーを加えて沸騰させる。
⑤トマトジュース、ビーフスープを加えて15分ほど煮込む。②の野菜を入れてかるく煮込み、仕上げに生クリームを加えて味をなじませる。塩、こしょうで味をととのえ、器に盛る。

オリジナル ビーフストロガノフ
Bœuf Stroganov

野菜がたっぷり食べられます。
トマトジュースを使って、
さらりとしたおいしさに。
492kcal

mikuni's memo

バランスよく食べて体力をつける

鉄分、亜鉛、セレンなどミネラルの豊富な牛肉に野菜、そして生クリームをプラス。ビタミン類も加わって、とても栄養バランスのいい主菜ができました。基礎体力をつけて風邪から体を守りましょう。生活習慣病が心配な人はバターのかわりにオリーブ油を、ダイエット中の人は生クリームのかわりに牛乳、ヨーグルト、サワークリームを使って。

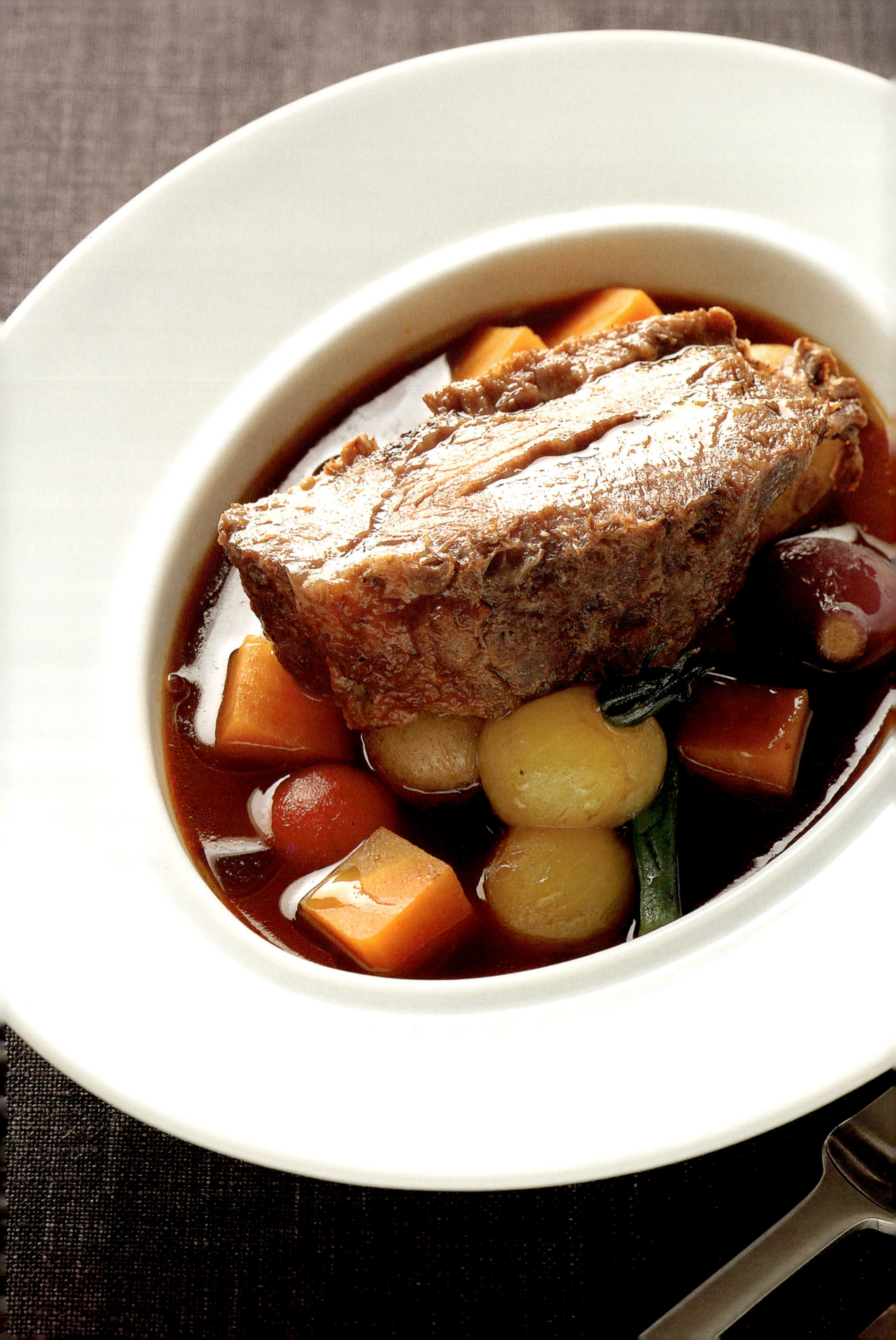

おなかを健康に

朝すっきりとお通じがあると、一日を元気にスタートさせることができますね。そのためには、とくに朝の行動がポイントになります。たとえば起きた時に水や牛乳を飲んだり、きちんと朝食をとることで腸が刺激されて活発になります。食物繊維と水分をたっぷりとって、乳酸菌を含むヨーグルトやチーズ、みそや納豆などの発酵食品も積極的にとるように心がけましょう。

野菜たっぷり 牛肉の赤ワイン煮
Ragoût de bœuf

コトコト煮込むほどにおいしくなります。
時間と愛情をたっぷりかけて。
427kcal

[材料(2人分)]
牛バラ肉または牛ほほ肉(塊)…………160g
牛肉の下味用
　天然塩、粗挽き黒こしょう…………各少々
小麦粉…………少々
紫玉ねぎ(小)…………4個
にんじん…………1/3本
さやいんげん…………4本
じゃがいも(小)…………4個
プチトマト(赤、黄)…………各3個
A ┌ 玉ねぎ(乱切り)…………1/3個
　│ にんじん(乱切り)…………1/3本
　│ セロリ(乱切り)…………2/3本
　│ にんにく…………3かけ
　│ ホールトマト(缶詰)…………3粒
　│ トマトペースト…………小さじ2
　│ ローリエ…………1枚
　│ 赤ワイン…………1カップ
　│ チキンスープ、ビーフスープ
　└ (市販品でも可)…………各250ml
バター…………10g

[作り方]
①牛肉は塩、こしょうで下味をつけ小麦粉をまぶし、テフロン加工のフライパンで表面全体を焼きつける。
②鍋にバターを熱し、Aの材料を入れて沸騰させ、牛肉を加えて弱火で柔らかくなるまで煮込む。※
③紫玉ねぎは皮をむく。にんじんは皮をむき、2cm角に切る。さやいんげんはへたを落とす。じゃがいもは皮をきれいに洗う。
④③をすべて塩ゆでする。プチトマトはへたをつけたまま湯むきする。
⑤④を加えて5分ほど弱火で煮込み、味をなじませ、塩、こしょうで味をととのえる。
⑥食べる前に肉を切り分ける。
※牛バラ肉なら2～3時間、牛ほほ肉なら5～6時間。

mikuni's memo

牛肉で体ポカポカ
野菜たっぷりで食物繊維がたくさんとれます。また、牛肉は体を温める食材であるうえに鉄分が豊富。血液を作るのに大いに役に立ってくれます。血行がよくなれば体が温まり、結果的には肌あれも防いでくれることにも。カロリーが気になる人は、バターのかわりにオリーブ油を使って。

揚げ豆腐
Tofu frit aux légumes

ふんわりしたやさしい食感がうれしい。
卵も使って栄養たっぷりの一品。
272kcal

mikuni's memo

毎日食べたい大豆製品

豆腐は、胃腸をととのえ食欲を高める効果があります。また油を使うことにより、食欲のないときにはエネルギーを補給できます。さらに豆腐に含まれるイソフラボンは、女性ホルモンのエストロゲンと同じように働き、更年期の症状をやわらげたり、骨粗しょう症を予防するのに役立ちます。こうした理由から、女性は毎日でも大豆製品を食べることをおすすめします。

[材料(2人分)]
木綿豆腐………½丁(200g)
コーンスターチ、揚げ油
…………各適宜
卵…………2個
にんじん…………½本
ズッキーニ…………½本
セロリ…………½本
パセリ…………少々
青のり…………10g
和風だし(市販品でも可)
…………300ml
しょうゆ、みりん……各大さじ1

[作り方]
①豆腐は厚手のペーパータオルではさみ重しをのせ、水きりをする。
②にんじん、ズッキーニ、セロリはピーラーで幅1cm×長さ10cm、厚さ1mmの帯状にむき、塩ゆでする。
③卵は溶きほぐす。
④豆腐を3×4cmに切り、コーンスターチをまぶして180℃の揚げ油でかるく色づくまで揚げる。一緒にパセリもさっと揚げる。
⑤鍋に和風だし、しょうゆ、みりんを煮立て、青のりを加えて混ぜ、溶き卵を流し入れてとじる。
⑥器に豆腐、②の野菜を盛り、⑤を注いでパセリを飾る。

オクラと山いもの ネバネバサラダ
Salade neba-neba

グレープフルーツの香りでさわやかに。
ドレッシングの代わりにポン酢を使っても。
205kcal

mikuni's memo

ネバネバ食品の効果とは？
ネバネバしているものに多く含まれているのはムチン。この栄養素は胃の粘膜を保護し、消化吸収を助けてくれます。グレープフルーツのビタミンCも肌には魅力的。カロリーを抑えたい人は、油の量を少なめにしたり、ドレッシングの代わりにポン酢を使ってもおいしく食べられます。

[材料（2人分）]
オクラ…………3本
山いも…………90g
グレープフルーツ…………½個
サラダ菜（芯の部分）…………1株分
ドレッシング（混ぜ合わせる）
　グレープフルーツの絞り汁
　…………大さじ3
　グレープシード油（またはオリーブ油）
　…………大さじ5
　塩、こしょう…………各少々
クコの実…………2粒

[作り方]
①オクラは塩ゆでし、ヘタを切って半分に切る。山いもは皮をむいて2cm角に切り、塩ゆでする。
②グレープフルーツは、実は薄皮をむく。皮は黄色い部分を少量そぎ、せん切りにする。クコの実は湯につけてもどす。
③オクラ、山いも、グレープフルーツをドレッシングであえる。
④器にサラダ菜を盛って③を盛り込み、グレープフルーツの皮とクコの実を飾る。

ホルモンの バランスを整える

女性ホルモンのバランスが乱れると、
自律神経失調やイライラや不安などの精神的な症状が現れやすくなります。
体調を整え、不安定になりがちな精神を安定させるためには、
女性ホルモンと同じように働くイソフラボンを含む
大豆製品を積極的にとるようにしましょう。
バランスのいい食事、そして睡眠を十分にとることも大切です。

さばとアンチョビの フルーツトマトソース
Maquereau à la sauce tomate

和食でおなじみのさばを
トマトソースでさっぱりと食べられます。
246kcal

[材料(2人分)]
さばの切り身…………2切れ(120g)
オリーブ油…………大さじ1
アンチョビ(フィレ)…………1枚
万能ねぎ…………少々
トマトソース
 ┌ トマト(粗みじんに刻んで)
 │   …………中1個
 │ トマトジュース(無塩)…………60ml
 │ にんにく…………1かけ
 │ 赤唐辛子…………½本
 │ 玉ねぎのみじん切り………大さじ2
 │ しょうがのみじん切り
 │   …………小さじ1
 │ オリーブ油…………大さじ2
 └ 天然塩、こしょう…………各少々
トマトのコンフィ
 ┌ フルーツトマト…………2個
 │ オリーブ油※…………適宜
 │ 赤唐辛子…………1本
 └ にんにく…………1かけ
※サラダ油にオリーブ油を混ぜて使っても。

[作り方]
①トマトソースを作る。鍋にオリーブ油、赤唐辛子、にんにくを入れて弱火にかけ、ゆっくりと火を通して香りを出す。
②玉ねぎ、しょうがを加えて炒め、香りが立ったらトマトジュース、トマトを加えて7～8分煮る。
③塩、こしょうし、赤唐辛子を取り出し、粗熱をとってミキサーで滑らかに撹拌し、裏ごしする。
④トマトのコンフィを作る。鍋にコンフィの材料を入れ、弱火にかけて形がくずれないように油でトマトを煮る。
⑤アンチョビは6等分のダイヤ形に切る。万能ねぎは斜めに切る。
⑥さばは皮に数本切り込みを入れ、フライパンにオリーブ油を熱し、皮目から焼く。皮がパリッとなったら返し、しっかりと火を通す。
⑦器にトマトソースをたっぷり(1人分40ml)敷き、トマトのコンフィとさばを盛る。万能ねぎとアンチョビを飾り、トマトを煮たオリーブ油をトマトの上にかるくかける。

低温の油で「煮る」ような
感覚でトマトに火を通します。
皮がはじける直前に引き上げて。
まとめて作って
冷やして食べても。

mikuni's memo

DHAでアンチエイジング

さばやあじ、いわしなどの青背魚に多く含まれる不飽和脂肪酸のDHAは男性ホルモン、女性ホルモン、成長ホルモンなどのアンチエイジングに大切なホルモンの構成成分になります。また、DHAは脳の神経細胞を活性化し、ボケ防止や記憶力の向上に役立つと言われているので、日常的にとりたいものです。

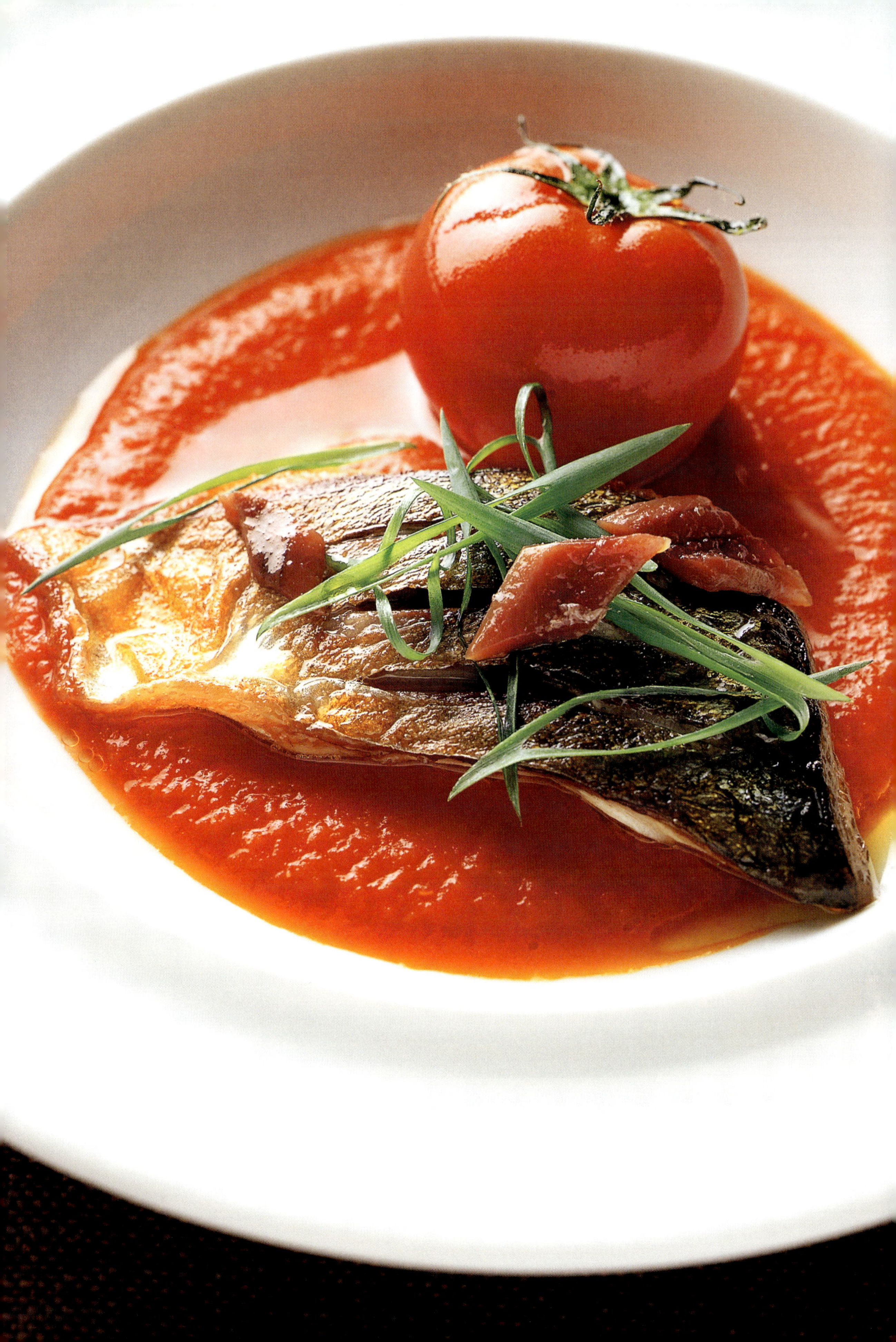

ほうれん草
目玉焼きのせ
しょうゆバター味
Œuf miroir, sauce soja

見た目も味も楽しい一品。
いつもの目玉焼きと、ひと味違います。
192kcal

[材料(2人分)]
卵…………2個
ほうれん草…………30g
ジャンボピーマン(緑、黄、赤)
…………各少々
ベーコン(厚さ5mmの薄切り)
…………1枚
バター…………5g
しょうゆ…………大さじ½

[作り方]
①ほうれん草は塩ゆでして冷水にとり、水けを絞る。ピーマンは生のまま5mm角に切る。
②ベーコンは5mm角に切る。
③テフロン加工のフライパンにセルクル※を置き、卵を割り入れる。ふたをして黄身を半熟に焼く。
④小さなフライパンにベーコンを入れて火にかけ、バターを加えて香ばしく炒め、しょうゆを加えてソースを作る。
⑤器にほうれん草を敷いて目玉焼きをのせ、ピーマンを散らす。ソースをベーコンごとかける。
※セルクルは、側面の枠だけで底のない円形の焼き型のこと。なければ使わなくても。

---

mikuni's memo

ほうれん草でお肌つるつる

卵の良質のアミノ酸は、ホルモン、血液、体の組織などの素になり、生命活動の維持に大切な役目を果たします。また、ほうれん草には、美肌にかかせないビタミンC、抗酸化作用のあるβ-カロテン、さらに細胞の老化をふせぐビタミンEがたっぷり。つまり、美肌には最高の食材なのです。

豆腐とずわいがにの中華煮込み
Tofu et crabe à la chinoise

オイスターソース味をベースに
バルサミコ酢でほんのり酸味とコクを。
175kcal

[材料（2人分）]
木綿豆腐…………1丁
青梗菜…………1株
かに（缶詰）…………60g
玉ねぎ…………1/6個
和風だし（市販品でも可）
　…………240ml
オイスターソース…………大さじ2
バルサミコ酢…………大さじ1
水溶きコーンスターチ※…………適宜
刻みのり…………少々
※コーンスターチを倍量の水で溶かしたもの。片栗粉で代用しても。

[作り方]
①豆腐は厚手のペーパータオルではさみ重しをのせてしっかりと水きりし、手で小さめにほぐす。
②青梗菜は1枚ずつにばらして塩ゆでし、根元からくるくるとまるめ、葉先で結んでとめる。玉ねぎは1cm四方に切り、塩ゆでする。
③フライパンに和風だし、オイスターソース、バルサミコ酢を合わせて沸かし、水溶きコーンスターチを加えてとろみをつける。
④豆腐、青梗菜、玉ねぎを加え、かにをほぐしながら缶汁ごと加えて弱火でかるく煮込む。器に盛って刻みのりをあしらう。

mikuni's memo
豆腐は女性にやさしい食材
大豆製品には、女性ホルモンのエストロゲンに似た成分であるイソフラボンが入っているので、とくに更年期の女性にはおすすめしたい食材です。それ以外にも、血圧を抑えるダイズサポニン、記憶力をアップさせ、肌をきれいにするレスチン、便秘を改善する食物繊維など豊富な栄養成分が含まれているので、積極的にとるようにしましょう。

[材料(2〜3人分)]
絹ごし豆腐…………25g
チキンスープ(市販品でも可)
…………230ml
生クリーム(植物性)…………35ml
卵…………1個
ソース
- チキンスープ(市販品でも可)
　…………60ml
- みそ…………大さじ1弱(15g)
- 水溶きコーンスターチ※………適宜

飾り用
　万能ねぎの斜め切り、ピンクペッパー、パセリ…………各少々
※コーンスターチを倍量の水で溶かしたもの。片栗粉で代用しても。

[作り方]
①豆腐は裏ごしし、チキンスープ、生クリーム、卵とともにミキサーにかけて撹拌し、こす。
②①を耐熱性の器に流し入れ、ラップをして蒸気の立った蒸し器に入れる。弱火で15分蒸して固める。
③ソースの材料を合わせて鍋に入れ、とろみがつくまで火を通す。
④②の表面にソースを流し、万能ねぎ、ピンクペッパー、パセリをあしらう。

豆腐ロワイヤル
Tofu à la royale

豆腐、チキンスープ、
生クリームでつくる
舌ざわりなめらかな茶碗蒸しです。
163kcal

mikuni's memo
大豆食品は「畑の肉」!
豆腐は、良質のたんぱく質を含み、余分なコレステロールを排出してくれる働きや、食塩摂取による血圧の上昇を抑制する働きがあります。また、消化吸収が良いので、胃腸が弱っている人にもおすすめの食材です。

["きれい"を食べる⑥] オイル

　「脂質」は少量でも大きなエネルギーを生み出す、パワフルな栄養素。細胞膜や血液の成分としても大切な役割を持っています。不足すると血管や細胞膜が弱くなり、皮膚に障害がおきたり、元気もなくなってしまいます。ところがとり過ぎると中性脂肪やコレステロールなど、体の敵のような存在に結びつくので、今の食生活の中では悪者扱いされがちな栄養素でもあります。

　さて、お料理。オイルを使うことでまろやかな味になったり、素材の旨みを引き出したり、香ばしくしたり。たくさんの種類があるオイルの中で使うのはまずはオリーブ油。果実の香りがいいし、軽やかな味わいがいい。さらにオリーブ油は血液中のコレステロールを低下させる働きがあって、とても優秀な油なのです。ノンコレステロールでポリフェノールが豊富なグレープシード油を使うことも。

　また、素材の持つ脂を利用するのも大事。鶏のもも肉やサーモンなど、素材そのものに脂があるものは、じっくり焼きつけて素材の脂を引き出し、その脂で野菜など他の素材に火を通していきます。旨みが全体にいきわたり、コクたっぷりの味わいに仕上がります。

チキンスープ

どんな料理にも使えます。とくに肉を使ったものによく合います。

[材料（出来上がり約1ℓ）]
鶏手羽…………1.5kg
サラダ油…………少々
玉ねぎの薄切り…………1個分
にんじんの薄切り………1本分
にんにく…………2かけ
セロリの薄切り…………1本分
パセリ…………適宜
白ワイン…………2カップ
水…………1.5ℓ

[作り方]
①鍋にサラダ油を熱し、手羽の表面を焼きつけ、白ワイン、水を加える。残りの材料を入れる。
②沸騰したら弱火にし、アクを取りながら1時間、コトコトと煮る。
③万能こし器にペーパータオルを敷き、こす。

5つのスープ

今は手軽に使えるスープの素がたくさん市場に出回っています。
もちろん、時間のないときには市販品を使ってもOKです。
でも、もし少し時間ができたなら、
一度スープをとってみてはいかがでしょうか。
時間と手間をかけた分、おいしさも倍増。
「とってよかった」と必ず実感できるはず。
さらにスープ自体に栄養がたっぷりだから、健康な食生活には
もってこいです。ここではミクニシェフがこの本で使った
5つのスープをご紹介しましょう。毎回は無理でも、
多めにとって冷凍保存しておくこともできます。
作りやすい分量で作ってください。

mikuni's memo

ダシをとった食材の活用法

●チキン→鶏ダンゴ
骨を外してタタキにし、団子状にまるめて小麦粉をまぶす。180℃の油で表面が色づく程度に揚げる。

●ビーフ→ハンバーグ
牛すじ、玉ねぎ、にんじんをタタキにし、卵、パン粉をまぜてつなぐ。楕円形に成形し、フライパンで焼く。

●魚→みそ汁
魚のアラをほぐし、みそ汁の具として活用する。

●野菜→ポタージュ
残った野菜と水（お好みで、例えば200ml）をミキサーでまわす。

●和風→佃煮
昆布とかつお節を砂糖としょうゆで煮詰める。

ビーフスープ

とくに牛肉を使う料理には最適。
豚肉や羊の料理にも合います。

[材料（出来上がり1ℓ）]
牛すじ肉…………1.5kg
サラダ油…………少々
玉ねぎの薄切り…………2個分
にんじんの薄切り………1本分
トマトの乱切り…………6個分
にんにく…………3かけ
セロリの薄切り…………2本分
パセリ…………適宜
ローリエ…………1枚
赤ワイン…………750ml
水…………1ℓ

[作り方]
①鍋にサラダ油を熱し、すじ肉の表面を焼きつけ、赤ワイン、水を加える。残りの材料を入れる。
②沸騰したら弱火にし、アクを取りながら1時間、コトコトと煮る。
③万能こし器にペーパータオルを敷き、こす。

魚のスープ

魚をメインに使った料理におすすめです。

[材料（出来上がり1ℓ）]
白身魚のアラ…………1.5kg
サラダ油…………少々
玉ねぎの薄切り…………1個分
セロリの薄切り…………1本分
にんにく…………2かけ
ローリエ…………1枚
白ワイン…………350ml
水…………1.5ℓ

[作り方]
①アラはじゅうぶんに水にさらし、血抜きする。
②鍋にサラダ油を熱し、アラの表面を焼きつけ、白ワイン、水を加える。残りの材料を入れる。
③沸騰したら弱火にし、アクを取りながら1時間、コトコトと煮る。
④万能こし器にペーパータオルを敷き、こす。

野菜スープ

どんな料理にも使えます。

[材料（出来上がり1ℓ）]
玉ねぎの薄切り…………5個分
にんじんの薄切り………3本分
トマトの乱切り…………5個分
にんにく…………1かけ
セロリの薄切り…………3本分
パセリ…………適宜
ローリエ…………1枚
白ワイン…………300ml
水…………1.2ℓ

[作り方]
①鍋に材料を全て入れ、火にかける。
②沸騰したら弱火にし、アクを取りながら1時間、コトコトと煮る。
③万能こし器にペーパータオルを敷き、こす。

和風だし

和風の料理には欠かせません。
いわば、和風〝うま味〟スープです。

[材料（出来上がり1ℓ）]
昆布…………200g
かつお節…………25g
水…………1.5ℓ

[作り方]
①鍋に水と昆布を入れて弱火にかけ、沸騰直前の状態で20分おく。
②昆布を引き上げて沸騰させ、かつお節を入れてすぐに火を止める。
③万能こし器にペーパータオルを敷き、こす。

MIKUNI流「食べて元気になる」は
病院内でも活躍しています。

　フランス料理のシェフが院内レストランのプロデュースをするのは日本で初めてのこと。長く料理に携わってきた三國シェフは、食べることの大切さ、楽しさを日々実感し、それはいつでも、どこにでもあるもので、もちろん病院の中にも存在するべきだ、と考えたのです。レストラン「ミクニ マンスール」は、フランス人シェフが提唱した「キュイジーヌ・マンスール」という言葉に由来し、それは「美しくて、おいしくて、カロリーを控えた料理」という意味。栄養のバランスを考え、カロリーを控え、安全性の高い食材を使った料理は、とてもおいしく、しかもおなかも大満足。さらに食べたあとは、すっきりした気持ちよさを堪能できる、画期的なものばかりです。旬を大切にしたい、というシェフの気持ちは、このレストランのメニューにも反映されていて、献立には季節のおいしいものがたっぷり盛り込まれています。レストランは開放されていて、受診している患者さんはもちろん、ビジターも大歓迎。清潔で明るい店内はそこに入るだけで気分も華やぎ、元気をもらうような、そんな空間が「ミクニ マンスール」なのです。

献立はこのようにして立てています。

三國シェフと二人三脚体勢でおいしいメニューを考えているのが管理栄養士の森由香子さん。一つ一つの食材の栄養素はもちろん、組み合わせることによる効果や効能を熟知。三國シェフにいろいろな提案をして、シェフから生まれてきた料理のカロリーをはじめ塩分や栄養素の分析をし、レストランで出す料理を完成させるのです。「一回の食事は600〜700kcalにしています。そして重要なのは食べる量を固形のものだけで500〜600gにすることです。カロリーを控え、食べる量も少なくしてしまうと、食べた、という満足感を得られないのです。そのためにも野菜、きのこ、乾物などを多く使いますね」。そして油はコレステロールの心配のいらないアボカドオイルかオリーブ油などを使うそう。

「よくかむことも大切なので、野菜などは大きくカットすること、白米ではなく雑穀にすることもポイントです」。見ただけでも元気になりそうなメニューは食べるとその完成度の高さに驚かされるものばかりです。

LUNCH
こんなに食べても483kcal、塩分1.6g

「ベジタリアン」、「マンスール」、「ビタミン」などプレートにテーマがついています。写真は「アンチエイジングプレート」。コンセプトは体内の環境を整え、体の中から老化を防止する料理。5つのおかずと1つのデザートが彩りよくワンプレートに盛り込まれています。この日のメインはいさきのグリエ、豚フィレ肉のステーキ、デザートはすいかのジュレ。

DINNER
こんなに食べても646kcal、塩分2.5g

写真は「ビタミン」。子持ち鮎のヴィシソワーズ仕立て、とこぶしとうにのうま味煮、ほうぼうのグリエ、和牛フィレ肉のポワレにフロマージュブラン、白桃のデザートと充実度200%。コンセプトは健康維持に必要な栄養素が豊富なバランスのよいメニュー。器はベルナルド。

「ミクニ マンスール」
営業時間 11:00〜20:00(L.O)／土曜のディナー、日・祭定休
※ディナーは前日17時までの完全予約制。
東京都千代田区二番町7-7 セコム メディカルビル7F
tel:03-3261-0444(直通)

INDEX
主な材料、目的で探す

主な材料＼目的	骨を丈夫にする	体脂肪を減らす	疲れを解消！	美肌をつくる	細胞を元気に	生活習慣病を予防	血液を元気にする	からだの中をきれいにする	免疫力をつける	おなかを健康に	ホルモンのバランスを整える
Bœuf 牛肉											
オリジナル ビーフストロガノフ p.79		●		●	●		●		●		
牛肉の和風シャリアピンステーキ p.68					●				●		
ビーフカレー ヨーグルト味 p.14					●		●			●	
野菜たっぷり牛肉の赤ワイン煮 p.80		●			●					●	
Porc 豚肉											
黒酢豚 3色ピーマンあえ p.76			●	●	●						
豚肩ロース根菜煮込み p.10		●	●		●		●				
豚しゃぶのピンクサラダ p.46			●		●				●		
豚ときのこの健康どんぶり p.73		●				●	●		●		
豚となすと豆の煮込み p.70		●				●					
豚ヒレ肉のベニエ 青じその香り p.42				●		●					
ポトフ ア・ラ・ミクニ p.64			●				●				
Poulet 鶏肉											
炒り鶏のバルサミコ味 p.18		●	●			●					
鶏肉とレバー ア・ラ・ジャポネーズ p.66		●		●		●			●		
鶏もも肉の小悪魔風 p.22		●	●			●			●		
鶏もも肉のハーブ焼き p.48				●							
Poissons 魚											
甘鯛のかぶら白ワイン蒸し p.36	●	●			●						
いさきの西京焼き 粒マスタード風味 p.31	●										●
いわし大根 p.62	●				●						●
うなぎのポワレ 赤ワインソース p.50	●	●									
えびと帆立てのレッドカレー p.52	●		●	●	●		●				
かつおのたたき 海水ジュレ寄せ p.47		●		●							
鮭のキャベツ包み焼き しょうゆとはちみつ風味 p.12		●		●							
鮭のポッシェ いくらとレモン味 p.58		●		●					●		
さばとアンチョビのフルーツトマトソース p.84		●		●							
さばのおろし煮 セロリ葉のブーケ添え p.60	●	●			●						●
舌びらめのムニエル かぼちゃソース p.54							●				

主な材料 / 目的	骨を丈夫にする	体脂肪を減らす	疲れを解消！	美肌をつくる	細胞を元気に	生活習慣病を予防	血液を元気にする	からだの中をきれいにする	免疫力をつける	おなかを健康に	ホルモンのバランスを整える
Poissons 魚											
鯛のソテー ア・ラ・クリーム p.28	●				●						
たらとズッキーニのプロヴァンス風 p.30	●								●		
たらのうまみ中華風 p.16	●	●			●		●		●		
ブイヤベース p.34			●		●		●				
帆立てといろいろ野菜のア・ラ・シノワーズ p.25				●	●		●		●		
真鯛のシャキシャキごま丼 p.21	●	●			●				●		
わかさぎの抹茶フリット グリーンマヨネーズ添え p.24	●		●	●			●		●		
Légumes 野菜											
アスパラと海藻のサラダ 温かいマヨネーズあえ p.39		●			●			●			
いろいろきのこのスープ p.20		●						●			
いろいろきのこのマリネ p.72					●			●			
オクラと山いものネバネバサラダ p.83		●		●				●			
クレソンと海藻のサラダ 寒天ドレッシング p.61		●						●			
ごぼうのスープ カプチーノ仕立て p.13	●							●			
雑穀米のサラダ p.69	●	●			●				●		
3色ピーマンのうまみマリネ p.55				●				●			
しいたけ、こんにゃくピリ辛の洋風うま煮 p.37								●			
なすのチーズ焼き p.51	●	●							●		
にんじんとかぼちゃのポタージュ p.78			●	●	●						
バーニャカウダ ア・ラ・メゾン p.44					●						
ビシソワーズ メレンゲのせ p.33	●				●						
ほうれん草目玉焼きのせ しょうゆバター味 p.86			●	●							●
ミクニトムヤムクン p.38				●	●						
冷製夏野菜のラタトゥイユ風 p.17				●							
Tofu, Œufs 豆腐、卵											
揚げ豆腐 p.82	●			●	●				●		
スパニッシュ風とろとろオムレツ p.32	●	●									
豆腐とずわいがにの中華煮込み p.87					●						●
豆腐ロワイヤル p.88				●							●

著者
Mikuni Kiyomi
三國清三（みくに きよみ）
54年北海道増毛町に生まれる。15歳で料理人を志し、札幌グランドホテル、帝国ホテルにて修業。74年駐スイス日本大使館の料理長に就任。ジラルデ、トロワグロ、アラン・シャペル等の三ツ星レストランにて修業を重ね、82年帰国。85年東京・四ッ谷にオテル・ドゥ・ミクニを開店。00年九州・沖縄サミット福岡蔵相会合の総料理長を務める。03年フランス共和国農事功労章・シュヴァリエを受勲。04年政府より「立ち上がる農山漁村」有識者会議の9名の有識者の一人に選ばれる。現在、子供の食育活動やスローフード活動も進めている。

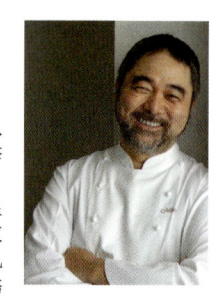

監修
Hirano Atsuyuki
平野敦之（ひらの あつゆき）
四谷メディカルキューブ医師。専門は泌尿器科、抗加齢医学。和歌山県立医科大学卒業。同泌尿器科学助教授を経て、97〜98年米国ピッツバーグ大学メディカルセンターに留学し、移植免疫学を研究する。

Mori Yukako
森由香子（もり ゆかこ）
四谷メディカルキューブ管理栄養士。セコム医療システム株式会社がソシエテミクニと業務提携。既存の病院給食に一流フレンチレストランのノウハウを活かし臨床栄養の新しい形を目指しその中核として活躍中。

撮影／渡邊文彦
　　　森川昇(p.2, 3, 96)
スタイリング／CHIZU
ブックデザイン／野澤享子
校正／高橋恭子
編集／仁藤輝夫
　　　谷岡美佐子

体の中からきれいになる
ミクニごはん
2007年6月15日　初版第1刷発行

著者　三國清三
発行者　原　雅久
発行所　株式会社 朝日出版社
〒101-0065　東京都千代田区西神田3-3-5
電話　03-3263-3321（代表）
http://www.asahipress.com

印刷・製本　凸版印刷株式会社

ISBN978-4-255-00373-3
乱丁・落丁本はお取り替えいたします。
無断で複写複製することは著作権の侵害になります。
定価はカバーに表示してあります。

©Kiyomi Mikuni 2007
Printed in Japan